U0934042

福建省厦门第一中学 115 周年校庆丛书

丛书总主编：陈文强

本册顾问：张有奎

本册主编：苏雅苹

本册编委：

宋 征	林 莹	胡桂生	张 颖	张诗琪
何丽杰	林 洁	冯 宇	廖 倩	王 娣
罗 佳	陈松榕	彭晓璐	夏春锋	王怀宁
吴静静	陈玲玲	杨 晴	黄婷婷	张 衡

福建省厦门第一中学115周年校庆丛书

丛书总主编：陈文强
本册顾问：张有奎

流淌的故事，成长的我们：

如何做个好公民系列

（1）

苏雅苹 - 主编

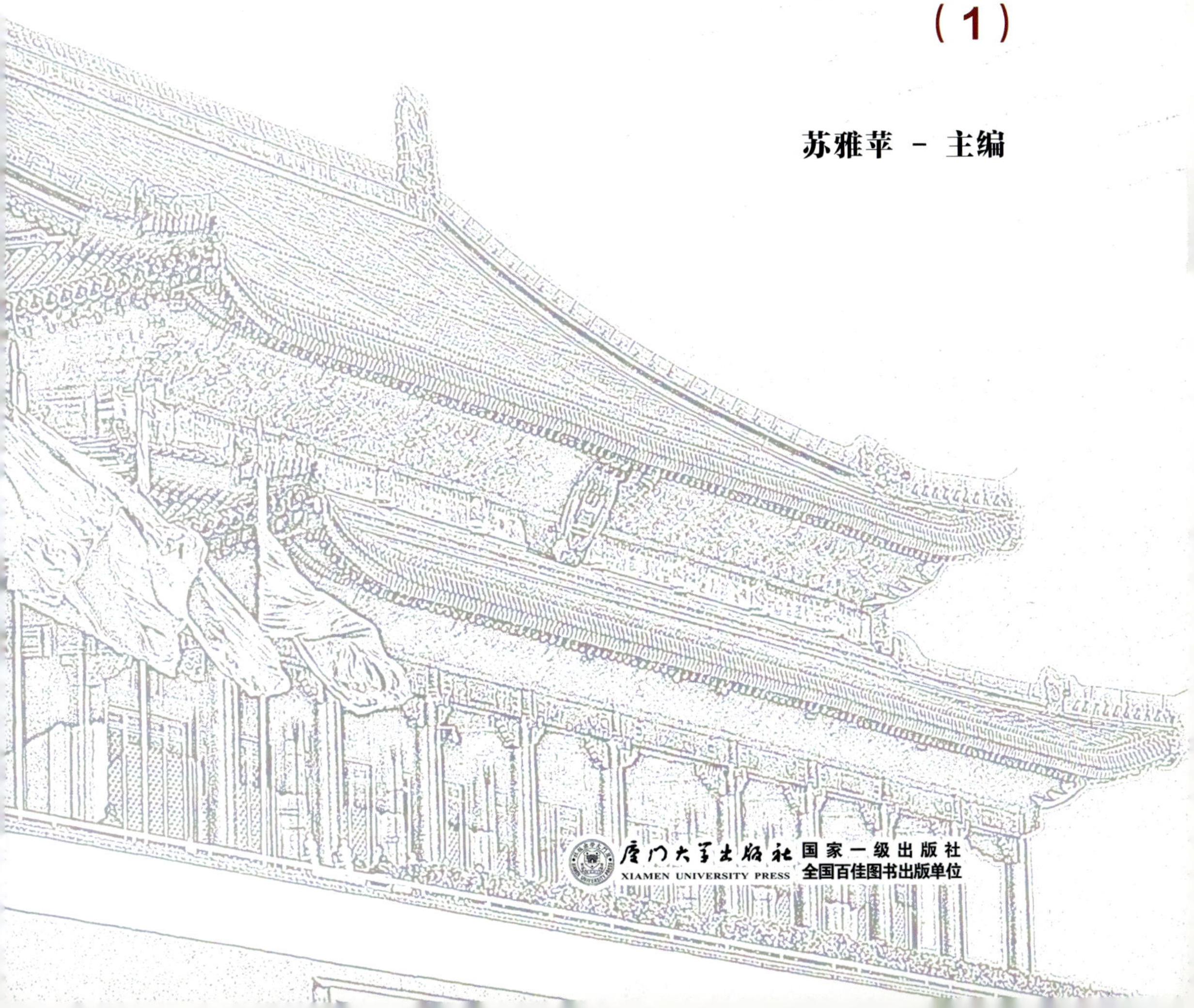

厦门大学出版社 XIAMEN UNIVERSITY PRESS 国家一级出版社 全国百佳图书出版单位

图书在版编目(CIP)数据

流淌的故事,成长的我们:如何做个好公民系列.1/苏雅苹主编.—厦门:厦门大学出版社,2021.8

(福建省厦门第一中学115周年校庆丛书/陈文强总主编)

ISBN 978-7-5615-8338-8

Ⅰ.①流…　Ⅱ.①苏…　Ⅲ.①政治课—中学—教学参考资料　Ⅳ.①G634.203

中国版本图书馆CIP数据核字(2021)第153951号

出 版 人　郑文礼
责任编辑　高　健
封面设计　张雨秋
技术编辑　朱　楷

出版发行　厦门大学出版社
社　　址　厦门市软件园二期望海路39号
邮政编码　361008
总　　机　0592-2181111　0592-2181406(传真)
营销中心　0592-2184458　0592-2181365
网　　址　http://www.xmupress.com
邮　　箱　xmup@xmupress.com
印　　刷　厦门市明亮彩印有限公司

开本　720 mm×1 000 mm　1/16
印张　11.75
插页　2
字数　200千字
版次　2021年8月第1版
印次　2021年8月第1次印刷
定价　59.00元

厦门大学出版社
微信二维码

厦门大学出版社
微博二维码

卷首语

为了推进大中小学思政课一体化建设，引导和帮助学生扣好人生的第一粒扣子，厦门一中政治教研组汇集全组教师之力，深入分析初高中教材结构和内容，遵循学生认知发展规律和思维能力水平，精选初高中教材中都有涉及的政治与法治的相关内容，编写校园思政读本《流淌的故事 成长的我们——如何做个好公民系列(1)》，为教学活动的开展以及引导学生学会如何做一个好公民提供生动且有价值的材料支撑。

本书通过“中国故事—探究任务—探究引路—导思导行”的逻辑脉络，充分挖掘中国故事素材，将课程知识点、学生困惑点、价值引领点三者有机结合，以讲故事的形式，让涵养家国情怀、展现中国治理智慧的精彩故事入脑入心，引导学生把爱国情、强国志、报国行融入新时代，努力做新时代的好公民。

全书的编写坚持生本性、整合性、可行性、发展性、时效性等原则。生本性主要体现为通过学生课前阅读读本，变学生接受式学习方式为主动探究式学习方式，充分彰显学生学习的主体性地位；整合性主要体现在以政治和法治的相关内容为基础，以学生的成长成才规律和认知发展规律为导向，整合初高中教材相关内容，实现思政课教学的一体化设计；可行性和发展性主要体现在对学生学情的深入把握基础上，补充讲好“中国故事、中国之治”这堂“大思政课”，将各种鲜活案例融入教材，开阔学生视野，引领学生多维探究，突破课堂教学的时空局限；时效性主要体现在通过呈现适时、及时、有效的社会热点故事，彰显思政课与时俱进的特征，引导学生关注生活，关注社会。编写本书以期更好地落实习近平总书记的大思政课理念，丰富课程资源，让课堂与现实结合起来，为思政课增添活力。

目　录

第一章　历史和人民的选择

近代以来，在中国人民反抗压迫、抵御侵略的斗争中，无数仁人志士前仆后继，进行了各种各样的尝试，但终究未能改变旧中国半殖民地半封建社会性质和中国人民的悲惨命运。中国共产党一经成立，就团结带领人民进行艰苦卓绝的斗争，推进革命、建设、改革的伟大事业，使中国大踏步赶上时代。中国共产党领导是历史的选择、人民的选择。

指方向　习语金句

历史还告诉我们，历史和人民选择中国共产党领导中华民族伟大复兴的事业是正确的，必须长期坚持、永不动摇；中国共产党领导中国人民开辟的中国特色社会主义道路是正确的，必须长期坚持、永不动摇；中国共产党和中国人民扎根中国大地、吸纳人类文明优秀成果、独立自主实现国家发展的战略是正确的，必须长期坚持、永不动摇。

……

“明镜所以照形，古事所以知今。”今天，我们回顾历史，不是为了从成功中寻求慰藉，更不是为了躺在功劳簿上、为回避今天面临的困难和问题寻找借口，而是为了总结历史经验、把握历史规律，增强开拓前进的勇气和力量。

……

一切向前走，都不能忘记走过的路；走得再远、走到再光辉的未来，也不能忘记走过的过去，不能忘记为什么出发。面向未来，面对挑战，全党同志一定要不忘初心、继续前进。

——2016 年 7 月 1 日习近平在庆祝中国共产党成立 95 周年大会上的讲话

习近平总书记在党史学习教育动员大会上的讲话金句

（福建省厦门第一中学 2020 级 18 班陈晞制图）

一个人也好，一个政党也好，最难得的就是历经沧桑而初心不改、饱经风霜而本色依旧。党的初心和使命是党的性质宗旨、理想信念、奋斗目标的集中体现，激励着我们党永远坚守，砥砺着我们党坚毅前行。从石库门到天安门，从兴业路到复兴路，我们党近百年来所付出的一切努力、进行的一切斗争、作出的一切牺牲，都是为了人民幸福和民族复兴。正是由于始终坚守这个初心和使命，我们党才能在极端困境中发展壮大，才能在濒临绝境中突出重围，才能在困顿逆境中毅然奋起。

——2020年1月8日习近平在“不忘初心、牢记使命”主题教育总结大会上的讲话

把关键　中国故事

关键点一：中国共产党执政，为什么既是历史的必然，也是人民的选择？

理论链接

1.近代中国的基本国情是中国逐步沦为半殖民地半封建社会，也是解决近代中国一切社会问题的基本依据。由此决定了近代中国社会的主要矛盾是中华民族与帝国主义、人民大众与封建势力的矛盾。近代中国的基本国情和主要矛盾决定了近代中国的两大历史任务：推翻帝国主义和封建主义的统治，实现民族独立和人民解放；彻底改变贫穷落后的面貌，实现国家富强和人民富裕。

2.中国共产党成立之前，中国社会各阶级、各阶层斗争的两个根本性的弱点：(1)没有认清革命的对象，不能团结真正的朋友打击真正的敌人。

(2)没有广泛地发动人民群众特别是工农群众，未能形成有组织的、持久的群众运动。

3.1921年7月，中国共产党诞生，这是中国历史上开天辟地的大事变。从此，中国人民在斗争中就有了主心骨。为中国人民谋幸福，为中华民族谋复兴是中国共产党人的初心和使命。中国共产党带领人民推翻"三座大山"，取得了新民主主义革命胜利，1949年成立了中华人民共和国，实现了中国从几千年封建专制向人民民主的伟大飞跃；中国人民掌握了国家的权力，成为国家和自己命运的主人。有比较才有鉴别。在近代中国三种主要政治力量所提出的三种方案中，中国共产党的方案在历史和人民的检验中脱颖而出，最终成为唯一正确的选择。实践证明：没有共产党就没有新中国，是近代以来中国人民斗争经验的总结，是中国人民在长期探索、艰苦奋斗的基础上共同确认的历史真理。中国共产党的执政，既是历史的必然也是人民的选择。

中国故事 1

中华人民共和国成立前的各种政治力量解决中国问题的方案

第一种是国民党的建国方案。抗战胜利不久，国民党政府提出了一系列纲领，所谓"国家统一，不容损害，根本大法，不容变更，政府基础，不容动摇"。这些纲领的实质，就是要把中国拉回到抗战前国民党独裁统治下的半殖民地半封建社会中去。

第二种是中国共产党的建国方案。早在中共七大，毛泽东即对战后中国政治局势作出判断。毛泽东认为："在彻底地打败日本侵略者之后，建立一个以全国绝大多数人民为基础而在工人阶级领导之下的统一战线的民主联盟的国家制度，我们把这样的国家制度称之为新民主主义的国家制度。"

第三种是介于国共两党之间的民主党派的建国方案。1945年8月15日，中国民主同盟提出了"民主统一，和平建国"口号。具体而言，政治上，主张取消国民党一党专政，效仿英美的议会制。军事上，国共两党都应交出军队，建立真正的国家军队，实行军队国家化。

探究任务：结合材料与所学知识，简要评价并对比三种政治力量的三种不同建国方案，论证“没有共产党就没有新中国”的合理性。

探究引路：国民党的建国方案的核心是恢复大地主大资产阶级在全国的独裁统治，让中国继续走半殖民地半封建的道路，只会被中国人民抛弃，其代表的统治者同样被推翻了。共产党的建国方案，主张建立一个独立、自由、民主、统一、富强的新民主主义国家，最终赢得包括民族资产阶级在内的最广大人民群众的拥护。至于民主党派或中间人士的建国方案，幻想建立资产阶级共和国，走独立发展资本主义的道路，没有得到人民群众认可。即便它的多数代表日后一样承认这个方案在中国无法实现（言之有理即可）。

中国故事 2

信仰的力量——方志敏的《清贫》

革命战争年代，革命先烈在生死考验面前所以能够赴汤蹈火、视死如归，就是因为他们对崇高的理想信念坚贞不渝、矢志不移。毛主席一家为革命牺牲 6 位亲人，徐海东大将家族牺牲 70 多人，贺龙元帅的贺氏宗亲中有名有姓的烈士就有 2050 人。革命前辈们为什么能够无私无畏地英勇献身？就是为了实现崇高的革命理想，为了坚守崇高的政治信仰，为了在中国彻底推翻黑暗的旧制度，为了实现民族独立和人民解放。我多次读方志敏烈士在狱中写下的《清贫》。那里面表达了老一辈共产党人的爱和憎，回答了什么是真正的穷和富，什么是人生最大的快乐，什么是革命者的伟大信仰，人到底怎样活着才有价值，每次读都受到启示、受到教育、受到鼓舞。

——2010 年 9 月 1 日习近平在中央党校 2010 年秋季学期开学典礼上讲话

清贫

方志敏

我从事革命斗争，已经十余年了。在这长期的奋斗中，我一向是过着朴素的生活，从没有奢侈过。经手的款项，总在数百万元；但为革命而筹集的金钱，是一点一滴全部用之于革命事业的。这在国方的伟人们看来，颇似奇迹，或认为夸张；而矜持不苟，舍己为公，却是每个共产党员具备的美德。所以，如果有人问我身边有没有一些积蓄，那我可以告诉你一桩趣事。

就在我被俘的那一天——一个最不幸的日子，有两个国方兵士，在树林中发现了我，而且猜到我是什么人的时候，他们满肚子热望在我身上搜出一千或八百大洋，或者搜出一些金镯金戒指一类的东西，发个意外之财。哪知道从我上身摸到下身，从袄领捏到袜底，除了一只时表和一支自来水笔，一个铜板都没有搜出。于是他们激怒起来了，猜疑我是把钱藏在哪里，不肯拿出来。他们之中有一个左手拿着木柄榴弹，右手拉出榴弹中的引线，双脚拉开一步，作出要抛掷的姿势，用凶恶的眼光盯住我，威吓地吼道："赶快将钱拿出来，不然就是一炸弹，把你炸死去！"

"哼！你不要作出那难看的样子来吧！我确实一个铜板都没有存；想从我这里发洋财，是想错了。"我微笑着淡淡地说。

"你骗谁！像你这样当大官的人会没有钱？"拿手榴弹的兵士坚决不相信。

"你们要相信我的话，不要瞎忙！我不比你们国民党当官，个个都有钱，我今天确实是一个铜板也没有，我们革命不是为着发财！"我再次向他们解释。

等他们确知在我身上搜不出什么的时候，也就停手不搜了；又在我藏躲地方的周围，低头注目搜寻了一番，也毫无所得，他们多么失望啊！那个持弹欲掷的兵士，也将拉着的引线，仍旧塞进榴弹的木柄里，转过来抢夺我的表和水笔。后彼此说定表和笔卖出钱来平分，才算无话。他们用怀疑而又惊异的目光，对我自上而下地望了几遍，就同声命令说："走吧！"

是不是还要问问我家里有没有一些财产？请等一下，让我想一想，啊，记起来了，有的有的，但不算多。去年暑天我穿的几套旧的汗褂裤，与几双缝上底的线袜，已交给我的妻放在深山坞里藏着——怕国军进攻时，被人抢了去，准备今年暑天拿出来再穿；那些就算是我唯一的财产了。但我说出那几件“传世宝”来，岂不要叫那些富翁们齿冷三天?!

清贫，洁白朴素的生活，正是我们革命者能够战胜许多困难的地方！

一九三五年五月二十六日写于囚室

探究任务 1：方志敏为什么说“清贫，洁白朴素的生活，正是我们革命者能够战胜许多困难的地方！”

探究引路：答案写在方志敏的遗稿中：“舍己为公，却是每个共产党员具备的美德。”“为着阶级和民族的解放，为着党的事业的成功，我毫不稀罕那华丽的大厦，却宁愿居住在鄙陋潮湿的茅棚……屈辱，痛苦，一切难于忍受的生活，我都能忍受下去。”对于优秀的共产党员来说：清贫，不是贫穷，而是一种境界。而这种为了革命解放、为了最广大人民群众宁愿苛求自己的境界，正是革命者能够战胜许多困难最终夺取革命胜利的原因。

探究任务 2：结合方志敏《清贫》一文中的对话和中国共产党党史的知识，谈谈你对共产党能够赢得人民拥护的原因的理解。

探究引路：在淮海战役中，后方百万群众车推肩挑，为前线送粮、送给养。陈毅曾感慨地说，淮海战役就是人民群众用小车推出来的！“做官先做人，万事民为先。”中国共产党之所以能够赢得人民的支持和拥护，源于党员干部始终铭记党史不忘责，铭记中国共产党的初心和使命是为中国人民谋幸福，为中华民族谋复兴，才赢得人民的拥护。

中国故事 3

革命的青春——周恩来的初心:为中华之崛起而读书

“为中华之崛起而读书”这一激励中华儿女的励志名言，是 1911 年 14 岁的周恩来在回答老师提问时说出的。1911 年的一天，正在上课的魏校长问同学们：你们为什么要读书？同学们纷纷回答：为父母报仇，为做大学问家，为知书明礼，为光宗耀祖，为挣钱发财……等到周恩来发言时，他说：“为中华之崛起！”魏校长听到一惊，又问一次，周恩来又加重语气说：“为中华之崛起而读书！”周恩来的回答让魏校长大为赞赏。周恩来是如何确立起这一初心呢？

周恩来少年时经常随养母陈氏到公祠，养母给他讲解关天培抗英为国捐躯的故事，让少年周恩来对民族英雄产生崇敬之情。到东北上学期间，他随同学到奉天南郊魏家楼小住，参观日俄战争遗址，听当地老人讲述日俄战争的经过和中国人民饱受的苦难，知道了落后就要挨打被侵略、国破家亡的道理。他幼小的心灵萌生了为中华崛起、解救人民于水火之中的豪情壮志。到东北上学，周恩来开阔了眼界，初步看到了国弱民穷受欺凌的国内现状，当听到辛亥革命爆发，推翻清朝统治的消息后，更率先剪去了象征清朝臣民的辫子。于是在魏校长问同学们为何读书的时候，他能自然而然地说出“为中华之崛起而读书”的励志名言。

（参考石平洋：《周恩来的初心：为中华之崛起而读书》，《学习时报》2020 年 8 月 18 日，http://dangshi.people.com.cn/big5/n1/2019/0111/c85037-30516609.html，访问日期：2021 年 4 月 20 日）

探究任务 1：结合周恩来等卓越领导人的事迹，解读“没有共产党就没有新中国”的密码。

探究引路：以周恩来为代表的领导人出生于动荡混乱的近代中国。反对侵略、追求富强成为一代人的使命与担当。自从少年时代，周恩来就树立了“为中华之崛起而读书”的宏伟志向，并在具体实践中自身发展与整个国家与民族的发展紧密结合起来。这体现了共产党人的初心与使命。正是一代又一代的共产党员不忘初心、牢记使命，始终怀揣着对祖国和人民的爱，为中国人民谋幸福，为中华民族谋复兴，才使中国革命得到了中国最广大人民的支持，才使四万万中国人民站立起来。

探究任务2：结合党史上诸多卓越领导人的青年成长史、自己的实际和我国的第二个百年奋斗目标，以"2035：祖国和我"为主题，撰写一段200～250字的演讲稿。

探究引路：本题属于开放性试题，言之有理即可。解答本题，关键在于扣紧主题：在了解领导人的青年成长史的基础之上，联系自身，结合2035年基本实现社会主义现代化远景目标，谈谈如何做才能在个人与社会的统一中实现人生价值，彰显时代青年的责任与担当。

关键点二：为什么中国共产党是中国革命、建设和改革的坚强领导核心？

1.党的领导地位是在长期的革命、建设和改革中形成的。

2.党的领导是中国特色社会主义事业胜利的根本保证。

3.党主动适应改革开放和现代化建设的要求，不断推进党的建设的伟大工程，不断增强党的政治领导力、思想引领力、群众组织力、社会号召力，以确保党永葆旺盛生命力和强大战斗力。

4.正是在党的领导下，中国人民站起来、富起来、强起来了！

表 1-1 如何理解“站起来、富起来、强起来”

	内 涵
站起来	取得新民主主义革命的胜利，建立新中国，中国人民站起来……到 1956 年年底，我国社会主义改造基本完成，社会经济结构发生了根本变化，生产资料公有制已成为我国社会经济制度的基础。这标志着社会主义基本制度在我国确立，从而为我国逐步走向国家富强、人民幸福，为当代中国的一切发展进步奠定了制度基础。
富起来	1978 年 12 月，十一届三中全会开启了改革开放的历史新时期。改革开放是决定当代中国命运的关键抉择。实行改革开放，就是要进一步解放和发展社会生产力，实现社会主义现代化，使中国人民富起来，使中国强起来，实现中华民族伟大复兴，就是要推动我国社会主义制度的自我完善，赋予社会主义新的生机活力，建设和发展中国特色社会主义，就是要在引领当代中国在发展进步中加强和改进党的建设，保持和发展党的先进性，确保党始终走在时代前列。
强起来	在中国特色社会主义新时代，党领导中国人民取得了全面建成小康社会的胜利，踏上了基本实现社会主义现代化、全面建设社会主义现代化强国的新征程。实践充分证明，由中国共产党领导中华民族实现伟大复兴，是历史的选择，是人民的选择，是正确的选择。

中国故事 1

《山海情》男一号原型：现实版“马得福”的 23 年移民奋斗史

电视剧《山海情》播完，男一号带领村民致富奔小康的历程打动了不少观众。作为故事原型，村支书谢兴昌带领村民的移民奋斗史就是中国改革开放、全面建成小康社会的缩影。

“吊庄移民”即指贫困地区群众整体跨区域搬迁。玉泉营开发区是 1991 年就开始建设的吊庄移民点。1996 年 9 月，党中央作出推进东西部对口协作的战略部署，其中确定福建对口帮扶宁夏，共同推进宁夏扶贫工作。1997 年 7 月，谢兴昌站在这片刚刚被规划建设移民村的戈壁荒滩上，开始了他的扶贫之路。

没有产业作为支撑，移民安心发展难度很大。作为动员村民移民搬迁的发起人，又是移民村的村支书，谢兴昌自然承担起给移民找出路的责任。恰在此时，在国家闽宁扶贫协作方针指导下，来自福建的专家和干部来到闽宁村帮助当地百姓发展双孢菇种植。经过谢兴昌的对接协调与多方的通力协作，闽宁村逐步走上小康之路。

（参考张亮：《〈山海情〉男一号原型：现实版“马得福”的 23 年移民奋斗史》，https://baijiahao.baidu.com/s? id=1690627104320412533&wfr=spider&for=pc，访问日期：2021 年 4 月 18 日）

探究任务 1：《山海情》中的马得福为什么能成为深受观众喜爱的角色？

探究引路：马得福作为村支书，牢记初心使命，以实现好、维护好、发展好村民的根本利益为出发点和落脚点，以村民对美好生活的向往为奋斗目标，全心全意为村民服务，用实际行动带领村民脱贫致富奔小康，深得村民拥护。创作源于生活高于生活，在全面建成小康社会的今天，观众无比骄傲，对此成果的历程演绎当喜闻乐见。

探究任务 2：2015 年 11 月 29 日《中共中央国务院关于打赢脱贫攻坚战的决定》强调，打赢脱贫攻坚战要坚持以下基本原则：一是坚持党的领导，夯实组织基础；二是坚持政府主导，增强社会合力；三是坚持精准扶贫，提高扶贫成效；四是坚持保护生态，实现绿色发展；五是坚持群众主体，激发内生动力；六是坚持因地制宜，创新体制机制。

任选其中两条原则，结合现实版“马得福”的 23 年移民奋斗史，为谢兴昌寻找闽宁镇“万万没想到，能发展得这么好”的原因。

探究引路：第一条原则可以从党的性质、宗旨、立场、执政理念与奋斗目标、初心使命、指导思想、党员的先锋模范作用与党组织的战斗堡垒作用、党的领导方式与执政方式等角度分析。第二条原则可以从政府的性质、工作宗旨与原则、国家职能等角度分析。第五条原则可以从党的性质、宗旨、立场、执政理念与奋斗目标，人民群众是历史创造者，是决定党和国家命运的根本力量等角度分析，也可以用高中政治教科书必修四《哲学与文化》中的历史唯物主义的群众观分析。

中国故事 2

为厦门特区的对外开放插上翱翔的翅膀

厦门地处东南一隅，若要发展经贸、旅游，交通问题势必需要得到重视。经济特区当中，第一个修建机场的是厦门，第一个开办航空公司的也是厦门。

厦门航空公司的创建与发展与习近平同志的关心和支持是分不开的。1993 年，厦航开通福州到深圳的航班，习近平同志亲任首航团团长。2000 年 4 月 23 日，习近平同志专程到厦航和机场指导工作。2006 年 7 月 22 日，厦航杭州分公司成立，习近平同志亲自致信祝贺。2013 年，习近平总书记会见全国五一劳动奖章获得者，对我们厦航的一个乘务长亲切地说道：“好，回去跟厦航的同志们问好。”习近平总书记对厦航的关心一直激励着厦航人奋发图强，砥砺奋进。一晃 30 年过去了。在总书记的关心下，厦航发展到今天，已连续盈利 30 年。在全球民用航空协会评级中，厦航名列中国所有航空公司第一位，和美国西南航空公司被评为同一个级别。

厦航能有今天的发展，有厦航员工的努力，更离不开习近平同志各个方面的支持。从另一个角度说，厦航今天的发展，没有辜负习总书记的期望。

（参考中央党校采访实录编辑室：《习近平在厦门》，北京：中共中央党校出版社，2020 年）

探究任务 1：“厦航之所以口碑好，一是靠改革，二是舍得投入，三是服务规范，四是以人为本。厦航企业路子对，员工素质高，经营效益好，为省市的发展做出了积极贡献。”“30 年过去了，厦门航空公司引进了最先进的波音 787 飞机，这就是中国民航事业发展的缩影。”2020 年厦门某中学的魏来同学看了上述故事，尤其是习近平同志的这两段话，感慨地说：没有改革开放，就没有厦门高素质高颜值现代化国际化城市的今天。

你赞同该同学的观点吗？为什么？

探究引路:2020 年是厦门设立经济特区 40 周年。厦门是改革开放的试验田,也是成功的典范之一。改革开放就是要进一步解放和发展社会生产力,实现社会主义现代化,使中国富起来、强起来,实现中华民族伟大复兴,就是要推动我国社会主义制度的自我完善,赋予社会主义新的生机活力,建设和发展中国特色社会主义,就是要在引领当代中国发展进步中加强和改进党的建设,保持和发展党的先进性,确保党始终走在时代前列。厦门经济特区的发展成就说明了改革开放意义重大:改革开放是决定当代中国命运的关键抉择。改革开放的伟大实践,极大地解放和发展了社会生产力,增强了社会发展活力,激发了广大人民群众的创造性,使人民生活显著改善,综合国力显著增强,国际地位显著提高,这是中国共产党对中华民族和中国人民作出的伟大历史贡献。

探究任务 2:"2020 年,是极其不平凡的一年",对民航业更是如此。面对史无前例的新冠肺炎疫情考验,厦航人排除万难,厦航单体报表(不含子公司河北航、江西航)从上半年亏损 14 多亿元,到 7 月开始连续盈利,亏损金额不断收窄,从 11 月尚亏近 1 亿元到年底终于扭亏为盈,厦航人奋斗不止步,实现本部盈利 0.68 亿元,实现了令人赞叹的"达产保平"目标,书写了厦航持续 34 年盈利的记录,成为全球规模以上客运航空公司中唯一一家保持长期盈利的航空公司。

请你结合疫情以来国家出台的一系列帮扶政策,探究厦航得以扭亏为盈的原因。

探究引路:从供给端看,飞机成本高,一架 B737 飞机要 5000 万美元左右,采用外币融资还经常受汇率波动的影响。飞机还是"油老虎",最大的变动成本受油价波动影响。疫情期间,油价一度跌回 20 年前,人民币一路走强。此外,国家还出台了一系列帮扶政策,如免收民航发展基金,各地也出台一定的航线或货运专项补贴等。"天帮忙"及各项优惠政策"红利"拉升了行业收入利润率。

中国故事3

“我将无我，不负人民”

2019年3月22日，中国国家主席习近平在罗马会见意大利众议长菲科。菲科曾向习近平抛出一个问题：“您当选中国国家主席的时候，是一种什么样的心情？”习近平主席回复说：“这么大一个国家，责任非常重、工作非常艰巨。我将无我，不负人民。我愿意做到一个‘无我’的状态，为中国的发展奉献自己。”

中共中央党校（国家行政学院）研究员胡敏，是这样解读习近平主席这番深情且充满力量的话语的。

“无我是一种为着一种信念、一个目标心无旁骛、矢志不渝向前奋斗的至高境界。”这首先体现了一种至高境界。实现人民对美好生活的向往是领袖至高无上的追求，人民的利益就是至高无上的利益。大国领袖为中国人民谋幸福、为中华民族谋复兴，甘于奉献、勇于担当，矢志不渝。习近平主席的回答，再次彰显了大国领袖的一种坚定自信。

（参考杜尚泽：《习近平：我将无我，不负人民》，https://baijiahao.baidu.com/s? id=16288564526 89481461&wfr=spider&for=pc，访问日期：2021年2月15日）

探究任务1：请你也解读解读对习主席所说的“我将无我，不负人民”的理解。

探究引路：联系党的十八大以来的成就，尤其“十三五”成就，从党的领导地位与性质、宗旨、立场、执政理念与奋斗目标、党员先锋模范作用等角度，结合自己的人生追求，言之有理即可。

探究任务2：有关“我将无我，不负人民”的党员典型事迹不胜枚举。请网上搜索或访谈优秀共产党员的事迹，在“学习优秀党员，找准人生坐标”的主题班会上交流展示。

探究引路：本题属于开放性探究活动，言之有理即可。关键在于整理好优秀党员的事迹，提炼党员先锋模范的精神品质及其具体体现，由此结合自己的性格、兴趣、特长、职业规划、人生理想等，制定高中—大学—工作一生活……的人生轨迹目标。注意将小我与大我(家乡、祖国的发展)有机联系起来,尽量考虑到在实现自我价值的同时,应该如何去实现社会价值。

长见识　拓展阅读

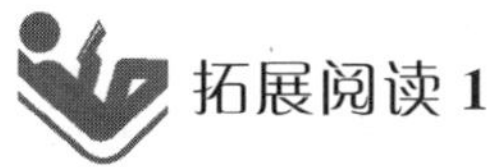

拓展阅读 1

习近平谈"党史观"

一切向前走,都不能忘记走过的路;走得再远、走到再光辉的未来,也不能忘记走过的过去,不能忘记为什么出发。2021 年 2 月 20 日上午,习近平总书记出席党史学习教育动员大会并发表重要讲话,为党史学习教育进行全面动员和部署。会上,习近平总书记首次公开提出"树立正确党史观"的重要论述,号召坚持用唯物史观来认识历史的鲜明立场,体现了我们党一贯坚持的实事求是思想路线。

历史虚无主义并不鲜见,种种以"翻案""揭秘"为名、罔顾历史事实、试图解构崇高的言行,本质是从根本上否定马克思主义指导地位和中国走向社会主义的历史必然性,否定中国共产党的领导。习近平总书记特别指出:"要树立正确党史观。要坚持以我们党关于历史问题的两个决议和党中央有关精神为依据,准确把握党的历史发展的主题主线、主流本质,正确认识和科学评价党史上的重大事件、重要会议、重要人物。要旗帜鲜明反对历史虚无主义,加强思想引导和理论辨析,更好正本清源、固本培元。"

树立正确党史观,就是要从党的非凡历史中找寻初心、激励使命,坚持以人民为中心,恪守人民立场,依靠人民创造历史伟业。

(参考朱基钗:《习近平在动员大会上首提"党史观"有深意》,https://baijiahao.baidu.com/s? id=1692230664496328271&wfr=spider&for=pc,访问日期:2021 年 3 月 10 日)

拓展阅读 2

中国资产阶级

资产阶级，是指占有生产资料，以剥削雇佣劳动获取剩余价值的阶级。中国资产阶级是近代中国新产生的阶级，由买办、商人、地主、官僚投资新式企业转化而成。《中国社会各阶级的分析》明确将中国资产阶级区分为买办资产阶级和民族资产阶级。

买办资产阶级是在半殖民地、殖民地国家里，依附于帝国主义，直接为帝国主义服务，并与国家政权相结合的官僚资产阶级。

民族资产阶级则具有两面性。由于半殖民地半封建中国的民族资产阶级经济是外受帝国主义压迫内受封建势力和官僚资本主义束缚的经济成分，民族资产阶级是民族资本主义在政治中的体现。它有反帝反封建的革命性一面，又有同帝国主义、封建主义妥协的一面。以毛泽东为代表的中国共产党人，正确分析了民族资产阶级的两面性，制定了正确的策略，使民族资产阶级成为革命和建设的同盟军。

（参考汝信主编：《中国工人阶级大百科》，北京：中国国际广播出版社，1992 年）

拓展阅读 3

福建第一个党支部在这间宿舍诞生！

2021 年是中国共产党成立 100 周年，也是厦门大学建校 100 周年。4 月 3 日，以“学习党史奋进百年新征程”为主题，厦门大学举行学习沙龙活动，回忆厦门大学的红色历史。

1926 年 2 月，厦大学生罗扬才、罗秋天、李觉民 3 名共产党员在厦大校园召开会议，正式宣告成立中共厦门大学支部。这是福建省诞生的第一个党支部。

囊萤之光，渐成燎原之火。在厦门大学党支部的号召和组织下，大批

罗扬才就义书

（福建省厦门第一中学 2020 级 18 班陈晞制图）

有志青年加入反帝反封建的斗争中。中共厦门大学支部成为闽西南地区建党的发祥地和播种机、革命运动的策源地，被誉为“八闽大地的革命摇篮”。

在囊萤楼内的厦大革命史展馆内，那段红色历史历历在目。从“八闽革命摇篮”“坚持红旗不倒”“抗日救亡基地”“东南民主堡垒”四个部分，厦大革命史展馆分别展示了 1921 年至 1950 年厦大师生反抗外来侵略、挽救民族危机、加强党团建设的史实。如今，厦大革命史展馆吸引了越来越多各级党组织、党员干部前来接受革命传统教育，成为福建省开展党史教育的重要场所。

（参考杨珊珊、邱赵胤、施辰静：《建党百年：福建第一个党支部在这间宿舍诞生》，https://baijiahao.baidu.com/s?id=1693261918747427985&wfr=spider&for=pc，访问日期：2021 年 4 月 5 日）

提素养　导思导行

1.9 月 30 日是烈士纪念日。请设计一场“知史爱党，知史爱国”的红色之旅社会实践主题教育活动。旅游路线根据厦门现有的革命教育基地选取组合。考虑到小中大思政教学一体化的探索需要，参加对象有小学生、中学生和大学生，参观基地可以包括群惠小学的刘惜芬雕像、厦门大学的罗扬才革命烈士纪念馆。并且配合旅游线路，做好文案，设计好导游词。

表 1-2　“知史爱党，知史爱国”红色之旅

红色之旅目的地	地址	纪念场所背后的故事	我们要铭记什么
罗扬才烈士雕像	厦门大学	罗扬才短暂的一生，可归纳为厦门四个第一：第一个共产党员，第一个共产党支部书记，第一个总工会委员长，第一个革命烈士。他创立的厦门大学党支部也是福建省诞生的第一个党支部。	坚定对共产主义的信仰，热爱祖国，勇担责任，练就本领，修炼品德，让青春在奋斗中实现中国梦！
刘惜芬烈士雕像	……	……	……

附：厦门市部分革命教育基地

* 厦门市革命烈士纪念碑及烈士陵园

地点：福建省厦门市思明区万石园西北麓

* 厦门革命烈士事迹陈列馆

地点：厦门烈士陵园（距离地铁一号线中山公园 4 号口步行 370 米）

* 厦门大学革命史展览馆

“福建省第一个党组织——中共厦门大学支部诞生地暨厦门大学革命史展览馆”荣获第四批全国关心下一代党史国史教育基地，是经教育部关工委推荐入选的两个教育基地之一，另一个为《共产党宣言》展示馆(陈望道旧居)。

地点:福建省厦门市思明区厦门大学校内

* 厦门军营村高山党校

地点:福建省厦门市同安区 416 县道莲花镇村委会

2.中共中央决定,2021 年在全党开展中共党史学习教育,激励全党不忘初心、牢记使命,在新时代不断加强党的建设。在党的百年华诞这个伟大的历史节点,也是“十四五”开局之年,在全党开展一次中共党史学习教育,可谓正当其时,意义非凡。从“伟大的开端”到“民族的新生”,从“春天的故事”到“新时代华章”,党史连着光荣的过去,通向辉煌的未来。从中共党史中找寻胜利的“密码”,从党史中汲取智慧、力量和营养,我们将无愧今天的荣光,不负明天的梦想。

请你分别选取两个历史事件或某些重大成就,诠释从“伟大的开端”到“民族的新生”,从“春天的故事”到“新时代华章”的基因密码。

3.最近,电视剧《山海情》热播。剧中孩子们和支教老师的故事感动了很多人。作为故事原型的厦门大学研究生支教团,从南国海滨到北疆戈壁,一届届接力,连续 22 年扎根宁夏西海固,帮助贫困学生。

厦门大学研究生支教团第二十二届成员林宇阳在授课

“一条小鱼”精神传承——在乎每一条小鱼! 1999 年,厦门大学主动选择宁夏条件最艰苦的西海固地区作为支教地。厦门大学研究生支教团第二十二届成员林宇阳一直对支教团里“一条小鱼”的故事念念不忘。一次暴风雨后，搁浅在沙滩上的一条条小鱼在小男孩的帮助下游回大海。鱼非常多，路人就劝小男孩不要捡了。男孩却说："这一条小鱼我在乎，这一条小鱼我也在乎。"这种"我在乎"的精神，在乎每一个孩子、在乎每一条小鱼的精神一直影响着厦门大学研究生支教团。

央视采访对象之一的林宇阳高中就读厦门一中。请你组织设计一个班会主题活动：访厦大支教校友，明高中生使命担当，奋勇走进新时代。

第二章 中国共产党的先进性

衡量一个政党的先进性，就是看它在性质、宗旨和指导思想等方面所具有的优于其他政党的特质，看它在人类社会历史发展不同阶段所起的引领作用。历史雄辩地证明，中国共产党不忘初心、牢记使命，是始终走在时代前列、人民衷心拥护、勇于自我革命、经得起各种风浪考验、朝气蓬勃的马克思主义政党。

指方向 习语金句

我们党没有自己特殊的利益，党在任何时候都把群众利益放在第一位。在重大疫情面前，我们一开始就鲜明提出把人民生命安全和身体健康放在第一位。人民至上、生命至上，保护人民生命安全和身体健康可以不惜一切代价。

——2020 年 5 月 22 日习近平在参加十三届全国人大三次会议内蒙古代表团审议时的讲话

关键时刻冲得上去、危难关头豁得出来，才是真正的共产党人。在统筹推进疫情防控和经济社会发展工作中，各级干部特别是领导干部必须增强必胜之心，拿出战胜一切敌人而不被任何敌人所屈服的大无畏革命气魄，勇当先锋，敢打头阵，用行动展现共产党人政治本色。

——2020年2月23日习近平在统筹推进新冠肺炎疫情防控和经济社会发展工作部署会议上的讲话

温室里长不出参天大树，懈怠者干不成宏图伟业。广大党员、干部要在经风雨、见世面中长才干、壮筋骨，练就担当作为的硬脊梁、铁肩膀、真本事，敢字为先、干字当头，勇于担当、善于作为，在有效应对重大挑战、抵御重大风险、克服重大阻力、解决重大矛盾中冲锋在前、建功立业。

——2020年1月8日习近平在“不忘初心、牢记使命”主题教育总结大会上的讲话

把关键　中国故事

关键点一：从党的性质、宗旨和执政理念方面阐述中国共产党的先进性

理论链接

1.从性质上看，中国共产党的先进性是中国共产党的本质属性。《中国共产党章程》规定，中国共产党是中国工人阶级的先锋队，同时是中国人民和中华民族的先锋队。中国共产党作为马克思主义政党，从它诞生的那天起，就具有其他阶级政党无可比拟的先进性，共产党是无产阶级组织的最高形式，是无产阶级的先锋队组织。

2.从根本立场上看，人民立场是中国共产党的根本立场。人民立场体现了马克思主义唯物史观，体现了对人民创造历史的地位和作用的深刻认识，体现了对人类社会发展规律的科学把握，体现了对保持党的先进

性、纯洁性的坚定追求。

3.从宗旨上看,全心全意为人民服务是中国共产党的根本宗旨,是党的先进性的本质体现,是中国共产党区别于其他任何政党的根本标志。在任何时候,党都应该把人民利益放在第一位,保持同人民群众的血肉联系,与人民同甘共苦,坚持权为民所用、情为民所系、利为民所谋。

4.从执政理念上看,立党为公、执政为民是中国共产党的执政理念。人民对美好生活的向往永远是我们党的奋斗目标。坚持立党为公、执政为民,就是要践行全心全意为人民服务的根本宗旨,把党的群众路线贯彻到治国理政的全部活动中,为人民掌好权、用好权,就是要坚持人民立场和人民主体地位,紧紧依靠人民。

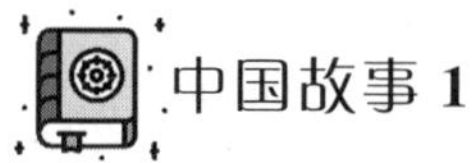

中国故事 1

生也沙丘,死也沙丘,父老生死系——焦裕禄为民服务的一生

2009 年,在中央宣传部、中央组织部等 11 个部门联合组织的评选活动中,焦裕禄被评为“100 位新中国成立以来感动中国人物”,也获“最美奋斗者”个人称号。

1922 年 8 月 16 日,焦裕禄出生在一个贫苦家庭,1946 年加入了中国共产党,1950 年,被任命为尉氏县大营区委副书记兼区长,1962 年,焦裕禄调到河南省兰考县,先后任县委第二书记、书记。

兰考县地处豫东黄河故道,是一个饱受风沙、盐碱和内涝危害的老灾区。焦裕禄在带领全县人民封沙治水改土的斗争中率先垂范。风沙最大时,他带头检查风口,探测流沙;倾盆大雨时,他带头蹚着齐腰深的水,观察洪水的流势;风雪来势汹汹时,他带领干部走访贫困群众,为群众送去救济食粮。他主张干部要深入群众、融入群众,要调查第一手资料,杜绝干部特殊化,还提出了“三同”的做法——同住、同吃、同劳动。焦裕禄心里装着全体人民,唯独没有他自己。他经常肝痛,骑不了车。即便如此,他还是用手或硬物抵着肝部,坚持工作、下乡,直到被强行送进医院。因积劳成疾,焦裕禄于 1964 年 5 月 14 日逝世,时年 42 岁。焦裕禄临终前说："我死后只有一个要求，要求党组织把我运回兰考，埋在沙丘上。活着我没有治好沙丘，死了也要看着你们把沙丘治好！"

1990年7月16日，《福州晚报》一版登载习近平同志的词作《念奴娇·追思焦裕禄》：中夜，读《人民呼唤焦裕禄》一文，是时霁月如银，文思萦系……魂飞万里，盼归来，此水此山此地。百姓谁不爱好官？把泪焦桐成雨。生也沙丘，死也沙丘，父老生死系。暮雪朝霜，毋改英雄意气！依然月明如昔，思君夜夜，肝胆长如洗。路漫漫其修远矣，两袖清风来去。为官一任，造福一方，遂了平生意。绿我涓滴，会它千顷澄碧。

2014年3月，习近平总书记在河南省兰考县调研时指出，焦裕禄精神"过去是、现在是、将来仍然是我们党的宝贵精神财富，我们要永远向他学习"。焦裕禄永远是党员和领导干部的榜样，给人以无穷的力量。50多年来，焦裕禄精神犹如不灭的火焰，穿越时空，不断被赋予新的时代内涵，为一代又一代的党员和领导干部照亮前进的道路。

（参考张兴军、冯大鹏：《焦裕禄：生也沙丘，死也沙丘，父老生死系》，http://www.xinhuanet.com/politics/2016-06/29/c_1119133670.htm，访问日期：2021年2月10日）

探究任务：作为一名中国共产党员，焦裕禄最宝贵的品质是什么？他的事迹是如何体现中国共产党的性质和宗旨的？

探究引路：全心全意为人民服务是中国共产党的根本宗旨，也是焦裕禄精神的本质所在。焦裕禄之所以被誉为县委书记的好榜样、共产党员的光辉典范，深受人民群众爱戴，根本原因就在于他始终与老百姓心相连、情相依，同呼吸、共命运，在于他视人民群众为衣食父母、甘当人民公仆。

焦裕禄尽责尽职、忧国忧民、廉洁奉公、无私奉献的精神令人感动，他那一心一意为人民服务的思想，吃苦耐劳、艰苦奋斗的工作作风和生活作风，鞠躬尽瘁、死而后已，甘当人民老黄牛的宝贵品格，刻苦学习、孜孜不倦的惊人毅力，严于律己、宽以待人的模范行为，体现了中国共产党全心全意为人民服务的宗旨。焦裕禄同志用共产党人的高贵品德和优良作风，辛勤描绘出为人民服务的光辉篇章，给我们留下了宝贵的精神财富。

如今，我们跨入新时代，与焦裕禄所处的时代相比，社会环境、条件与思想观念都发生了很大的变化，共产党人全心全意为人民服务的根本宗旨却从未改变。我们各级党员干部都要像焦裕禄同志那样忠实地代表人民的利益，把人民的安危冷暖时刻放在心头，全心全意为人民服务，做人民忠实公仆，努力为群众办好事、办实事。在社会主义现代化建设的航道上，坚持继续发扬焦裕禄精神，有助于中国共产党乘风破浪，扬帆远航，带领着中国人民创造出新的历史辉煌！

英雄长逝，精神传承！焦裕禄精神，无论在过去、现在还是将来，都永远是亿万人民心中一座永不磨灭的丰碑。

中国故事 2

《习近平扶贫故事》——创建“闽宁模式”

山与海相遇，会有怎样的“化学反应”？闽宁对口扶贫协作，为这一命题带来新的答案。1996 年，为缩小东西部地区发展差距，促进协调发展，党中央、国务院部署了一项战略性决策，即东南沿海 10 个较发达的省市，对口帮扶西部 10 个较为贫困的省区。其中，福建省帮扶宁夏回族自治区。习近平同志担任福建对口帮扶宁夏领导小组组长。

1996 年 11 月，闽宁对口扶贫协作第一次联席会议召开，并签署了对口帮扶协议书。要帮扶，就要先了解宁夏的情形。“协议也签订了，宁夏究竟是个什么样呢？你带几个人去看看”，习近平同志把时任福建省扶贫办主任林月婵叫过去说。1997 年 3 月，林月婵前往宁夏，那里的贫穷深深地震撼了她。农民为了将土豆卖给县中唯一一家企业，冒雨排队一整夜；孩子们的教室没有门，玻璃窗也是破的，有的地方甚至没教室，老师用枝干在地上写字来教；想吃一点水也要从很远的地方挑过来，更没有水洗澡……“我把宁夏西海固的困难情况拍成短片带回来向习近平同志汇报，他专门邀请其他省领导一起观看，商量对口帮扶的措施，由此可见他对闽宁协作的关切之深、思虑之周。”林月婵后来回忆道。

一个月后，习近平同志率福建党政代表团深入宁夏南部山区考察，参加闽宁对口扶贫协作第二次联席会议。六天的考察时间里，习近平同志翻山越沟，走访了五个对口扶贫县，察看吊庄搬迁、梯田建设、井窖抗旱等项目，探访贫困家庭，看望帮扶干部。他要求福建在宁挂职的干部，一定要静下心来，耐得住寂寞，把东部的先进经验带过来，把西部的奋斗精神带回去。在隆德县，习近平同志对当地群众许下诺言："闽宁对口扶贫协作是一项政治任务，我们要坚决完成，对联席会议议定的事情要尽快落实，承诺的事情要抓紧兑现。"

六天的所闻所见，让习近平同志对闽宁对口协作的模式有了更深刻的思考。他在闽宁对口扶贫协作第二次联席会议上提出：广泛深入地开展多种形式的扶贫协作，促进闽宁双方共同发展；动员企业家到宁夏投资办厂，开展经贸合作，兴办社会公益事业；加强干部交流和人才培训……这些指导思想对"闽宁模式"的形成与发展起到了关键作用。

联席会议还决定，福建省连续三年每年从财政拿出1500万元，投入宁夏群众最迫切希望解决的民生问题中，把钱用在刀刃上。对口帮扶搞什么好？在跟宁夏的同志商量后，习近平同志敲定了几件事。一是搞井窖。窖是存水的，把雨水收集起来，喝的是这个水，浇地也用这个水，打井、建水窖可以帮西海固很多人。二是坡改梯。生活设施上抓井窖工程，生产上抓坡地改梯田。三是发展马铃薯产业。习近平同志动员福建、宁夏的农科系统研究起了马铃薯脱毒技术。

在调研西吉移民搬迁的吊庄玉泉营时，习近平同志提出了建设闽宁村的设想。"吊庄"是宁夏当地词，意思是将这个村从那儿"吊"到这儿，就是移民。要从西海固移民到银川，投资很大，习近平同志建议搞一个试点，打造成具有样板意义的闽宁协作示范村，让移民迁得出、稳得住、致得富。1997年7月15日，闽宁村在银川城外永宁县的一片戈壁滩上破土动工。奠基当天，习近平同志专门发去了贺信。第一年，1100户6000人从西吉县搬到闽宁村安家落户。他们挖地坑、住窝棚、盖房打井、筛土平田、建设扬水站，在戈壁滩上种出了粮食。村里还提前完成道路、学校、村部、卫生院、邮电、市场和一二级扬水灌溉及井灌工程等基础建设，好日子一步一步走来。

在"闽宁模式"的指引下，同心县惠安新村，盐池县南苑新村、北塘新村，原州区团结新村等140多个闽宁协作示范村，20多个闽宁协作移民新村相继出现在宁夏大地。闽宁镇已成为我国贫困地区通过对口扶贫协作走向全面小康的成功典范，成为对口扶贫协作"闽宁模式"的一个样板。它承载了中国共产党人的初心和使命，体现了中国共产党立党为公、执政为民的执政理念，是中国扶贫攻坚伟大工程的一个缩影。

（参考唐亚蒙、任玮、刘海等：《习近平讲述的故事丨闽宁镇：携手共圆小康梦》，http://news.cri.cn/20200614/668de986-c8c9-1e9b-4213-c26f6545f54a.html，访问日期：2021年5月20日）

探究任务1：从闽宁对口扶贫协作的故事中，可以看出习近平同志紧扣"精准"二字，下足功夫，采取了多项有针对性精准扶贫措施。请分析这些措施如何贯彻立党为公、执政为民要求的？

探究引路：人民对美好生活的向往就是我们党的奋斗目标。宁夏西海固的变化，是在习近平提出的精准扶贫重要思想指导下，当地县委、县政府带领宁夏人民奋斗得来的。

立党为公，就是党的路线、方针、政策都要代表中国先进生产力的发展要求、中国先进文化的前进方向和中国最广大人民的根本利益，都要体现国家和民族的共同利益、全体人民的共同理想。执政为民，就是党的全部工作必须以最广大人民的根本利益为根本出发点和落脚点。

坚持立党为公、执政为民，就是要践行全心全意为人民服务的根本宗旨，把党的群众路线贯彻到治国理政全部活动之中，牢记执政党的权力是人民赋予的，坚持为人民掌好权、用好权；就是要坚持人民立场和人民主体地位，虚心向人民学习，倾听人民呼声，汲取人民智慧，切实做到紧紧依靠人民、一切为了人民。

闽宁对口扶贫过程中，因村施策、一户一法、精准扶贫。对特困户，解决的是生活难题；对有发展潜力的贫困户，解决的是生产难题。首先，在当地发展起一系列适合宁夏发展的支柱产业：培育壮大优势特色产业，重点支持宁夏中南部地区发展设施农业（含菌草）、草畜、马铃薯、枸杞、红枣、中药材等产业，带领宁夏人民发展先进生产力；支教支医，鼓励支持厦门大学、福州大学与宁夏大学、宁夏医科大学、宁夏师范学院开展多领域交流合作，带领当地发展先进文化。闽宁对口扶贫成功地走出一条企业合作、产业扶贫、项目带动、发展致富的道路，从单向扶贫转向共赢发展。这些措施使几十万名西海固贫困群众彻底拔掉穷根，创造了扶贫开发史上的奇迹，体现了党始终坚持“立党为公，执政为民”的执政理念。

探究任务 2：习总书记说，“立党为公、执政为民要贯穿于群众的日常生活中”“群众利益无小事”。你怎么看待这两句话？

探究引路：这两句话正说明：只有立党为公，才能为人民群众谋取更大的利益。凡是涉及群众切身利益和实际困难的事情，再小也要竭尽全力去办。我们要把最广大人民的根本利益落实到行动上，真正做到权为民所用，情为民所系，利为民所谋。

中国共产党要真正做到“立党为公、执政为民”和“群众利益无小事”，就要想群众之所想，急群众之所急，解群众之所难，从群众最关心、最迫切需要解决的实际问题入手，使他们切实感受到社会主义大家庭的温暖。同时领导干部应本着“常修为政之德，常怀律己之心，常除非分之想，常省自身之过”的原则，主动接受群众监督，定期向群众报告履职情况，增加用权的透明度，给群众更多的知情权、参与权、监督权；要虚心地接受舆论监督，把群众和媒体的批评意见看成是对自己的关心，知错就改，有偏则纠。

水能载舟，亦能覆舟。深入群众，我们的事业将无往而不胜；脱离群众，我们将寸步难行。只有把人民的事情放在心上，深怀爱民之心，恪守为民之责，善谋富民之策，多办利民之事，我们的党和事业才能够永远立于不败之地。

关键点二：从指导思想、思想路线和党员先锋模范作用方面阐述中国共产党的先进性

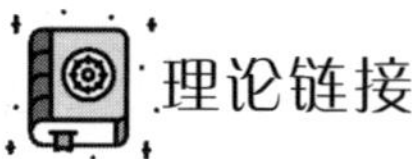

理论链接

1.中国共产党之所以能走在时代前列，保持党的先进性和纯洁性，就在于它以接续推进的马克思主义中国化创新理论作为行动指南。

2.中国共产党之所以能够始终走在时代前列，就在于坚持解放思想、实事求是、与时俱进、求真务实。实践证明，这是中国共产党始终走在时代前列、永葆生机活力的法宝。

3.中国共产党之所以能够始终走在时代前列，就在于发挥共产党员的先锋模范作用。

中国故事 1

秉持“赶考”之心推进伟大工程

习近平总书记指出：“时代是出卷人，我们是答卷人，人民是阅卷人。”1949 年春天，中国共产党人从西柏坡出发进京“赶考”。70 多年来，我们党的“赶考”之心从未改变、“赶考”之志从未动摇、“赶考”之行从未停歇。习近平总书记告诫全党：“党面临的‘赶考’远未结束”，“所有领导干部和全体党员要继续把人民对我们党的‘考试’、把我们党正在经受和将要经受各种考验的‘考试’考好”。

党面临的长期执政考验、改革开放考验、市场经济考验、外部环境考验是长期的、复杂的，党面临的精神懈怠危险、能力不足危险、脱离群众危险、消极腐败危险是尖锐的、严峻的。我们必须牢记习近平总书记“赶考”的告诫，保持“赶考”的心态，发扬“赶考”的作风，积极面对新考验，答好时代大考题。

发展党的先进性。增强政治领导力，坚持以党的政治建设为统领，把牢政治方向，坚定政治信仰，站稳政治立场，严明政治纪律，净化政治生态，使广大党员、干部的“四个意识”更加牢固、“四个自信”更加坚定、“两个维护”更加自觉。提升思想引领力，坚持不懈用习近平新时代中国特色社会主义思想武装头脑。增强群众组织力，做到哪里有群众哪里就有党的组织、哪里就有党的工作，切实把群众组织起来、发动起来、团结起来。

保持党的纯洁性。在思想上保持纯洁性，强化思想引领，夯实思想根基，以科学的理论武装人，以正确的舆论引导人，以高尚的精神塑造人，使广大党员、干部在思想上高度统一、政治上高度团结、行动上高度一致。在组织上保持纯洁性，全面贯彻新时代党的组织路线，强化组织观念和规矩意识，着力解决组织弱化、虚化、边缘化的问题。在作风上保持纯洁性，驰而不息纠治“四风”，使良好作风成为党的建设的“亮丽名片”和党员、干部的鲜明底色。

……

增强党的战斗性。坚持大抓基层，筑牢战斗堡垒。持续整顿软弱涣散的基层党组织，使每名党员都成为一面鲜红的旗帜，使每个支部都成为党旗高高飘扬的战斗堡垒。锤炼战斗意志，把干部放到重大斗争一线去真刀真枪磨砺，强弱项、补短板，加强思想淬炼、政治历练、实践锻炼、专业训练。增强斗争意识，提高斗争本领，坚决同一切破坏党的团结统一、损害党和人民利益的言行作斗争，不辱时代使命，不负人民期望。

（参考陈润儿：《秉持“赶考”之心推进伟大工程（深入学习贯彻习近平新时代中国特色社会主义思想）》，http://pinglun.youth.cn/ll/202005/t20200506_12315908.htm?mobile=0，访问日期：2021 年 3 月 25 日）

探究任务 1：结合历史事实，说说党为了“考个好成绩”采取了哪些措施。党的制胜法宝是什么？

探究引路：新中国成立前夕，毛泽东在党的七届二中全会上深刻分析了党进城后面临的形势和考验，针对因为革命胜利党内表现出的骄傲情绪、以功臣自居的情绪、停顿起来不求进步的情绪、贪图享受不愿再过艰苦生活的情绪，明确提出了“两个务必”的思想，告诫全党要警惕资产阶级糖衣炮弹的进攻。新中国成立后，毛泽东和党中央反复强调要反对党内的主观主义、官僚主义和宗派主义，密切党同人民群众的联系，不要变为特权阶层，并采取一系列措施保持党的先进性、增强党的战斗力。1956年社会主义改造基本完成以后，党和国家面临着工作重点由阶级斗争向经济建设的转移。为了适应这种转移，党的八大提出了加强执政党建设的一系列任务。进入改革开放时期以后，邓小平鲜明提出执政党应该是什么样的党、执政党的党员怎样才算合格、党怎样才叫善于领导的问题。党之所以始终走在时代前列，就在于坚持解放思想、实事求是、与时俱进、求真务实。

探究任务 2：党的十九大之后，习近平强调，时代是出卷人，我们是答卷人，人民是阅卷人。在新时代的"赶考"路上，党面临着哪些重大挑战？列举实例加以分析。

探究引路：七十多年过去了，中国共产党面临的"赶考"远未结束。"赶考"路上，党面临着"四大考验"和"四种危险"。其中"四大考验"指的是执政考验、改革开放考验、市场经济考验、外部环境考验，"四种危险"指的是精神懈怠危险、能力不足危险、脱离群众危险、消极腐败危险。例如，当下网络信息化快速发展，激发了群众参与政治的热情，也增加了群众参与政治生活的途径。这种广泛的参与可以使得群众在网络找到政治上的赞同者，这种跨区域甚至跨国界的组织与团体看似虚拟，但又能实实在在在现实的政治活动中产生影响。在这种相对开放的社会状态之中，如果我们党对此不能积极、科学、有效地回应，可能就会使小问题衍生出大问题。再如，随着改革开放和社会主义市场经济的不断深入发展，广大群众由于经济、政治、社会地位及价值观念等方面的不同，形成了不同层次的群体。这使得群众无论作为贯彻党的群众路线的主体还是客体，都增加了其对象的复杂性。不同的阶层有着不同的利益，且不同阶层群众的心理和情感隔阂在加剧，如弱势群体的"仇富心理"。同时，各阶层利益有着开始固化的趋势，会使得矛盾尖锐化，这要求党正确认识和妥善处理、解决社会阶层化问题。

习近平总书记指出，从实现"两个一百年"奋斗目标到实现中华民族伟大复兴的中国梦，我们正在征程中。“考试”仍在继续，所有领导干部和全体党员要继续把人民对我们党的“考试”，把我们党正在经受的“考试”考好，努力交出优异的答卷。人民群众是这场考试的“考官”，造福人民才是最大的政绩。

中国故事 2

2019 感动中国人物：张富清的为民情怀

95 岁的老英雄张富清，60 多年来刻意尘封战功，一辈子坚守初心、不改本色。在部队，他保家卫国；到地方，他为民造福。这样的感人事迹，正如习近平总书记在重要指示中所指出的，“他用自己的朴实纯粹、淡泊名利书写了精彩人生，是广大部队官兵和退役军人学习的榜样”。

“雄关漫道真如铁，而今迈步从头越”。战争年代，枪林弹雨冲锋在前，他立下赫赫战功。在和平建设时期，离家征战已经 7 年的他，转业时本可以选择回原籍工作。当听到“在湖北，恩施地区最艰苦，最缺乏人去建设”时，张富清当即决定要到艰苦、困难的地区为党工作，为人民做事。为百姓脱贫、为民造福的使命，促使张富清深藏功与名，从零开始，努力迎接新挑战。

县粮食局、三胡区、卯洞公社、外贸局、县建行，是张富清转业后的 5 个主要工作单位，新中国 70 年发展历程，他是参与者、建设者。“我是革命一块砖，哪里需要哪里搬。”张富清说。

20 世纪 60 年代，张富清在湖北省来凤县三胡区任职。当时的经济条件一般，人们的温饱问题还没解决，张富清的首要任务是解决吃饭问题。为真正了解老百姓的实际困难和需求，他找最穷、最困难的家庭，和他们一起种红薯、种苞谷，一起劳动一起生活。从陌生到熟悉、从隔膜到认同，张富清取得了当地老百姓的信任，也将党的声音传到了边远山区。张富清说：“干群关系密切了，工作就好开展了。”

20 世纪 70 年代，公社班子成员分配工作片区，张富清抢先选择最偏远的高洞片区，那里不通路、不通电。张富清决心给当地修路，他一边给粮田被占的农民做思想工作，一边和社员一起肩挑背扛。张富清靠着细致的思想工作和过硬的实干作风，给高洞修了第一条公路。

20 世纪 80 年代，张富清调任建设银行来凤县支行副行长。当时正逢建行“拨改贷”改革，国有小型煤矿田坝煤矿是当时建行最大的贷款户，张富清经常去煤矿了解生产销售情况，常给企业出谋划策。建行来凤县支行行长李甘霖说，当年建行放出的贷款，没有一笔呆账。

时光荏苒，离休后的张富清过着简朴的生活。一所简陋的屋子，几件普通的家具，张富清却甘之如饴：“现在的条件比以前好太多了，我很知足。”张富清很普通，慈眉善目，不愿给别人添麻烦。然而，他又是不平凡的，经过战火的洗礼、时代的淬炼，信念之光却愈发明亮。他的眼中，永远是脚下那片土地，他的心中，永远装着人民。

张富清带领群众肩挑背扛、开山修路，哪里最贫困往哪里跑得最勤，哪家最困难为哪家想得最多，他全心全意为百姓乡亲谋发展，为贫穷山区奉献了自己的大半生。

（改编自王珏：《张富清的故事：五个岗位背后的为民情怀》，《人民日报》2019 年 5 月 30 日）

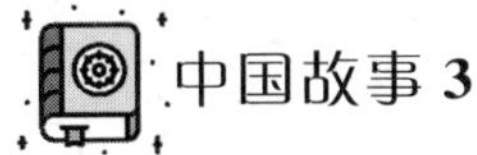
中国故事 3

“共和国勋章”获得者钟南山：敢医敢言，国士担当

钟南山祖籍福建厦门，1936 年 10 月 20 日出生在一个医学之家，其父钟世藩和其母廖月琴同为厦门人，都毕业于北京协和医学院，在医学上颇有建树。

2003 年，一场突如其来的“非典”疫情，让世人闻之色变。67 岁的钟南山临危受命，担任广东省非典型性肺炎医疗专家组组长，他主动请缨：“把最危重的病人都送到我这里。”在 2003 年的这场特殊的战役中，钟南山的名字几乎成为全国人民抗击“非典”的勇气与信心的代表。

时隔 17 年后的 2020 年 1 月 18 日，钟南山再次临危受命赶往武汉抗击新冠肺炎疫情。一张照片刷屏网络，照片里，钟南山靠着餐车座椅，面容疲倦。少有人知道的是，这天他刚抢救完病人从深圳回到广州，接到通知后，又立即想方设法赶往武汉。接下来的四天里，他开始了几乎昼夜不停的工作。1月19日，武汉实地了解疫情、研究防控方案，晚上飞往北京。1月20日，列席国务院常务会，就如何遏制疫情扩散等提出具体建议，晚上媒体连线，向公众传播专业观点，受命出任新冠肺炎科研攻关专家组组长。1月21日，在发布会上解读最新的情况，为公众答疑。很多人都已忘记，此时的钟南山已经84岁高龄。

钟南山公开发言，强调疫情存在“人传人”现象，这个关键性判断改变了中国的抗疫进程。有了早期的准确研判，一场史无前例的全民战疫，从武汉到全国，全面打响。“敢医敢言”，这四个字常年挂在钟南山办公室的墙上，这也是他从医生涯的真实写照。17年前，在与“非典”的“遭遇战”中，钟南山和同事们提出并证实“非典”的病因是一种新型冠状病毒，并告诉大家“非典并不可怕，它可防、可治、可控”，之后，他还主动请缨：“把最危重的病人都送到我这里。”

2003年以来，无论面对“非典”还是H1N1、H7N9、MERS，钟南山总是在一线孜孜探求、及时发声。这位精神焕发的八旬院士，至今仍工作在一线，他和他的团队正在全力推进建设国家呼吸医学中心。对他而言，同病人在一起，让病人转危为安，是医者的幸福。敢医敢言，不是简单的勇气，这四个字是院士的专业、是战士的勇猛，也是国士的担当。

（改编自徐金鹏：《敢医敢言，生命至上——记“共和国勋章”获得者钟南山》，http://www.gov.cn/xinwen/2020-09/08/content_5541785.htm，访问日期：2021年4月25日）

探究任务1：从中国故事2的张富清和中国故事3的钟南山身上，我们感受到不同的时期，一样的精神。两位优秀的共产党员在本质上有哪些共同点？

探究引路：从他们身上，我们感受到了共产党员的可贵品质：舍身忘我、无私无畏的担当精神；实事求是、坚持真理的人生态度；胸怀国家、为民服务的家国情怀；生命不息、奋斗不止的奋斗精神。不同时期的优秀共产党员在本质上都体现了党的先进性，都发挥了党员的先锋模范作用。他们坚定马克思主义信仰，践行全心全意为人民服务的根本宗旨，通过自己的骨干、带头和桥梁作用，影响和带动周围的群众共同贯彻党的基本理论、基本路线和基本方略。

“老牛亦解韶光贵，不待扬鞭自奋蹄。”在实现中华民族伟大复兴中国梦的征程中，没有捷径可走，共产党员们唯有坚定理想信念不动摇，为党的事业不辞辛劳夙兴夜寐，为百姓福祉鞠躬尽瘁，苦干实干，才能乘风破浪、行稳致远。

探究任务 2：以“怎样高扬永不褪色的旗帜”为议题，探究中国共产党永远保持先进性、纯洁性的法宝。

探究引路：马克思主义政党必须保持党的先进性和纯洁性，这是马克思主义政党的本质要求。中国共产党是中国工人阶级的先锋队，同时是中国人民和中华民族的先锋队，党在任何时候都把人民群众的利益放在第一位，全心全意为人民服务。始终保持党的先进性和纯洁性，是由无产阶级政党的性质和宗旨决定的。

(1)坚持以马克思主义作为党的指导思想，以持续推进的马克思主义中国化创新理论作为行动指南。中国共产党在百年奋斗中，始终坚持把马克思主义基本原理同中国具体实际相结合，不断推进马克思主义中国化，形成了中国特色社会主义理论体系，是党最宝贵的精神财富。习近平总书记指出：“中国特色社会主义理论体系是指导党和人民沿着中国特色社会主义道路实现中华民族伟大复兴的正确理论，是立于时代前沿、与时俱进的科学理论。”

(2)以全心全意为人民服务为党的根本宗旨，“人民的利益高于一切”。要贯彻立党为公、执政为民的执政理念，做到权为民所用、情为民所系、利为民所谋。

(3)坚持解放思想、实事求是、与时俱进、求真务实的思想路线，不断探索马克思主义基本理论同中国具体实际相结合的革命和建设道路。

(4)发挥党员的先锋模范作用。要严守党的纪律。纪律是胜利的保证，每个共产党员都要从自我做起，自觉用科学理论武装头脑，增强维护党纪党规的责任心和使命感，增强纪律观念。

(5)全面从严治党。推进党的建设新的伟大工程，永葆党的先进性和纯洁性，不断增强党的战斗力和生命力，提高党的执政能力，充分发挥党的领导作用，坚持密切联系群众的作风，不断开拓群众路线的新境界。坚决反对腐败，不断加强制度治党。坚持思想建党，不断加强党性教育，强调理想信念的精神支柱作用。

(6)要坚定理想信念。习近平总书记指出："理想信念就是共产党人精神上的'钙'，没有理想信念，理想信念不坚定，精神上就会'缺钙'，就会得'软骨病'。"我们党一百年来之所以能从小到大，不断从胜利走向新的胜利，归根到底是因为有远大理想和崇高追求。

长见识　拓展阅读

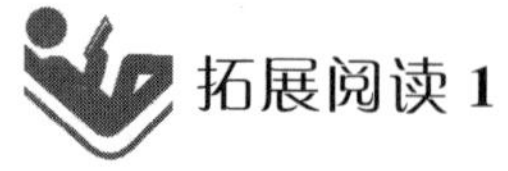

拓展阅读 1

共产主义者同盟

共产主义者同盟是世界上第一个以科学社会主义为指导思想的无产阶级政党，是在对正义者同盟进行根本改造的基础上建立的。正义者同盟是19世纪30年代成立的德国工人和手工业者的秘密革命组织。1847年初，正义者同盟派莫尔邀请马克思、恩格斯加入，并决定按他们的主张改组同盟。1847年6月，共产主义者同盟成立，在伦敦举行第一次代表大会，并批准了以无产阶级政党组织原则为基础的章程案，用"全世界无产者联合起来"的国际主义口号代替"人人皆兄弟"的旧口号。同年11月29日至12月8日，共产主义者同盟在伦敦举行第二次代表大会，审查并批准章程，明确规定了共产主义者同盟的目标：推翻资产阶级，建立无产阶级统治，消灭旧的以阶级对立为基础的资产阶级社会和建立没有阶级、没有私有制的新社会。大会委托马克思、恩格斯起草同盟纲领，产生了国际共产主义运动第一个纲领性文献《共产党宣言》。

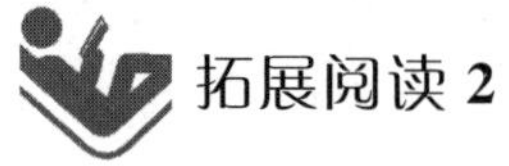

拓展阅读 2

群众路线

群众路线是我们党始终坚持的根本工作方法。党的领导工作的正确方法,就是将群众意见集中起来形成正确的决策,又到群众中宣传解释,将决策化为群众的行动,并在群众实践中检验这些决策是否正确。

坚持群众路线,核心的问题是党要始终保持同人民群众的血肉联系,一刻也不脱离群众。密切联系群众,是党的性质和宗旨的体现。

坚持走群众路线,要诚心诚意、实打实做,要善于通过提出并贯彻正确的理论和路线方针政策带领人民前进,善于从人民的实践创造和发展要求中完善政策主张,善于从群众中寻找解决问题的方案和办法,使做出的决策和决策的执行充分体现民心民意。要深入研究新形势下群众工作的规律和特点,把党的优良传统和新技术新手段结合起来,学会通过网络走群众路线,提高做好群众工作的本领。坚持群众路线,就要坚持人民是推动历史发展的根本力量。

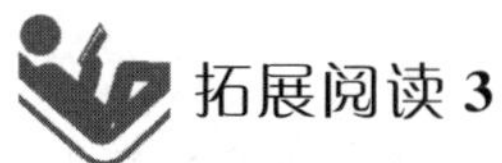

拓展阅读 3

实事求是

实事求是,就是一切从实际出发,理论联系实际,坚持在实践中检验真理和发展真理。毛泽东指出:"'实事'就是客观存在着的一切事物,'是'就是客观事物的内部联系,即规律性,'求'就是我们去研究。"习近平总书记在纪念毛泽东同志120周年诞辰座谈会上指出:"实事求是,是马克思主义的根本观点,是中国共产党人认识世界、改造世界的根本要求,是我们党的基本思想方法、工作方法、领导方法。不论过去、现在和将来,我们都要坚持一切从实际出发,理论联系实际,在实践中检验真理和发展真理。"

坚持实事求是，就必须坚持一切从实际出发。因为实际事物是具体的，而本本是对实际事物研究、抽象的结果，并不能成为研究问题和作出决策的出发点，出发点只能是客观实际。要了解客观实际，就必须深入群众、深入实践进行调查研究，把客观存在的事实搞清楚，从中找出能够解决问题、符合群众要求的办法来。所以说，调查研究是从实际出发的中心一环。没有调查就没有发言权，没有调查也没有决策权。

拓展阅读 4

国际比较凸显中国共产党先进性

中国共产党的成功在世界上具有深远意义。我们可以提炼出国际政党的三条比较标准：

一是看一个国家有没有一支能够代表人民整体利益的政治力量。如果这个国家有这样的力量，可持续发展的可能性就比较大。

二是看一个政党是否有足够的改革能力。当前，很多国家都需要改革，但只有中国能够持之以恒地推动真正的改革，因为改革是要破除既得利益的。没有能够代表人民整体利益的政治力量来推动，改革势必被各种既得利益集团阻拦而寸步难行。

三是看一个政党的决策力和执行力。中国共产党的决策力和决策质量明显高于西方国家的小圈子决策、游说集团决策和民粹主义决策模式。

这三条标准也是一种中国话语，可以用它衡量、评判世界各国政党和政治制度，得出经得起国际比较的结论，从而更加坚定我们的道路自信、理论自信、制度自信、文化自信。

（参考张维为：《国际比较凸显中国共产党先进性》，http://theory.people.com.cn/n1/2019/0812/c40531-31288426.html，访问日期：2021年3月20日）

提素养　导思导行

1.阅读材料，回答问题。

1980 年 10 月，国务院批准设立厦门经济特区，这片土地翻开了开放发展新篇章。如今，四十载岁月峥嵘，乘着改革开放的春风，曾经硝烟弥漫的海防前线，正向着一座高素质高颜值现代化国际化城市迈进。

（1）选择不同年龄的采访对象，了解他们对厦门经济特区 40 年发展成就的感受以及对 2035 年和 2050 年的愿景展望，并将相应内容填在表 2-1 中。

表 2-1　访谈基本情况

序号	年龄	对厦门经济特区 40 年发展成就的感受	愿景（2035 年）	愿景（2050 年）

（2）根据访谈结果，找出感受和愿景的相同之处并分析原因。

（3）进一步访谈或查找资料，列举人们实现共同愿景所面临的机遇和挑战。

（4）就如何实现共同愿景，提出你的建议。

2.《钢铁是怎样炼成的》主人公保尔·柯察金说："人最宝贵的是生命，生命对于每个人只有一次，人的一生应该这样度过：当回忆往事的时候，他不会因为虚度年华而悔恨，也不会因为碌碌无为而羞愧；在临死的时候，他能够说：'我的生命和全部精力都献给了世界上最壮丽的事业——为人类的解放事业而斗争。'"请采访身边的优秀共产党员，了解他们的先进事迹，并就如何发挥共产党员的先锋模范作用写一篇小论文。

第三章　坚持和加强党的全面领导

中国共产党是我国最高政治领导力量。办好中国的事情，关键在党。中国共产党领导是中国特色社会主义最本质的特征，是中国特色社会主义制度的最大优势。在新时代，必须坚持和加强党的全面领导，必须坚持科学执政、民主执政、依法执政，进一步巩固党的执政地位。

指方向　习语金句

党的十八大以来，我们鲜明提出“中国特色社会主义最本质的特征是中国共产党领导，中国特色社会主义制度的最大优势是中国共产党领导，党是最高政治领导力量”。这次全会强调，“必须坚持党政军民学、东西南北中，党是领导一切的，坚决维护党中央权威，健全总揽全局、协调各方的党的领导制度体系，把党的领导落实到国家治理各领域各方面各环节”。这是党领导人民进行革命、建设、改革最可宝贵的经验。我们推进各方面制度建设、推动各项事业发展、加强和改进各方面工作，都必须坚持党的领导，自觉贯彻党总揽全局、协调各方的根本要求。

——习近平：《坚持和完善中国特色社会主义制度推进国家治理体系和治理能力现代化》（在中共十九届四中全会上的讲话）

坚定的理想信念，永远是激励我们奋勇向前、克难制胜不竭的力量源泉。全党同志特别是各级领导干部要不忘初心、牢记使命，始终保持清醒头脑和政治定力，坚持和加强党的领导不动摇，坚持和发展中国特色社会主义不动摇，坚持实现中华民族伟大复兴的宏伟目标不动摇，锲而不舍把革命先辈为之奋斗的伟大事业推向前进。

——2020 年 6 月 8—10 日习近平在宁夏考察时的讲话

把关键 中国故事

关键点一：如何理解党的领导方式？

理论链接

党的领导是全面的、系统的、整体的，主要包括政治领导、思想领导和组织领导。

政治领导：在中国特色社会主义新时代，坚持党的政治领导，就是要确保党和国家的事业沿着正确方向前进，最重要的是，必须增强政治意识、大局意识、核心意识、看齐意识，自觉维护党中央权威和集中统一领导，确保党在世界形势深刻变化的历史进程中始终走在时代前列，在应对国内外各种风险和考验的历史进程中始终成为全国人民的主心骨，在坚持和发展中国特色社会主义的历史进程中始终成为坚强领导核心。

思想领导：在中国特色社会主义新时代，坚持党的思想领导，就是要统一思想、集中智慧、凝聚力量，最重要的就是以习近平新时代中国特色社会主义思想为行动指南，培育和践行社会主义核心价值观，培养社会主义现代化强国建设者，培养担当中华民族伟大复兴大任的时代新人。

组织领导：在中国特色社会主义新时代，坚持党的组织领导，就是要保证党的路线、方针、政策和重大工作部署得到贯彻执行，最重要的就是坚持党管干部原则，以组织体系建设为重点，着力培养忠诚干净担当的高素质干部，着力集聚爱国奉献的各方面优秀人才，坚持德才兼备、以德为先、任人唯贤，为坚持和加强党的全面领导、坚持和发展中国特色社会主义提供坚强组织保证。

这三个方面的领导是统一不可分割的。政治领导是根本，思想领导是灵魂，组织领导是保证，实行党的正确领导，任何一方都不可偏废。

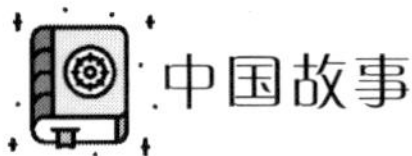

中国故事

从穷山沟到塞上江南的逆袭

1996年，党中央做出东西部结对帮扶的战略部署。10月，福建对口帮扶宁夏领导小组成立，习近平同志任组长。1997年4月，习近平亲赴宁夏西海固考察了6天，提出建立了“联席推进、结对帮扶、产业带动、互学互助、社会参与”的协作机制。

1996年至今，两省区党委和政府每年召开对口扶贫协作联席会议，共同研究帮扶事项，推动扶贫协作不断向纵深拓展。到目前为止，福建共选派11批186名优秀干部去宁夏挂职，宁夏选派了19批325名干部到福建挂职锻炼。随着脱贫攻坚工作的不断推进，村子的水、电、路、产业发展等多方面都发生了显著变化，特别是对贫困户实施人均发展一亩粮、一亩菜、一头牛的帮扶措施，使贫困户收入越来越有保障。“发展产业是实现脱贫的根本之策。要因地制宜，把培育产业作为推动脱贫攻坚的根本出路。”走好这条“根本出路”，习近平同志在1997年对口帮扶宁夏脱贫攻坚时就已经开了个好头。当时，他着力发展马铃薯生产，加工成饲料卖给东部一些地方用来饲养鳗鱼。这一项当时就带动人均增收一二百元。草畜、马铃薯、冷凉蔬菜……如今，有产业联合党支部一头对接农户，一头对接企业，也有企业为农户做好技术保障、打开市场销路，发展产业已经成为西海固的脱贫“利器”。

2020年11月16日，随着最后一个贫困县西吉县脱贫出列，宁夏西海固历史性告别绝对贫困。

探究任务：从穷山沟到塞上江南的逆袭，西海固的脱贫历程体现了党哪些方面的领导作用？中国特色社会主义新时代对党的领导方式又提出了怎样的要求？

探究引路：脱贫攻坚过程中取得的举世瞩目的伟大成就，沉淀着中国共产党领导下的中国人民的努力与创新、变革与效应，彰显了中国共产党人民至上的执政理念和使命初心。党的十八大以来，以习近平同志为核心的党中央高瞻远瞩，以高度的政治责任感，把脱贫攻坚摆在治国理政的突出位置，提升至事关全面建成小康社会、实现第一个百年奋斗目标的新高度。经过8年持续奋斗，现行标准下近1亿农村贫困人口全部脱贫，832个贫困县全部摘帽、12.8万个贫困村全部出列，绝对贫困和区域性整体贫困问题历史性全部解决。中国探索创造的减贫经验，为全球减贫事业贡献了中国智慧和中国方案。

为加强脱贫攻坚一线力量，几百万扶贫干部奔赴一线，前往贫困村和软弱涣散村担任驻村第一书记和驻村干部，殚精竭虑，舍生忘死，使贫困地区基层治理能力得到大幅提升，将共产党人的使命初心兑现在人民群众对美好生活的向往中。"志智双扶"使贫困群众精神面貌焕然一新，自我发展愿望空前高涨，自我发展能力长足进步。广大贫困群众的获得感、幸福感、安全感节节攀升。民族地区通过易地扶贫搬迁，推动不同民族之间的交往交流交融，铸牢了中华民族共同体意识，促进了民族地区社会稳定和长治久安。

脱贫攻坚8年里，广大贫困群众在党的带领下，艰苦奋斗，玉汝于成，撸起袖子加油干，把中华民族愚公移山、生生不息的伟大民族精神发挥得淋漓尽致。

脱贫攻坚的重大胜利深刻回答了中国共产党为什么能、马克思主义为什么行、中国特色社会主义为什么好等问题。脱贫攻坚的伟大成就极大鼓舞了中国人民，我们的理想信念更加坚定，党的向心力和凝聚力持续增强。

具体而言，中国共产党在西海固的脱贫历程中发挥了总揽全局、协调各方的领导核心作用。东西部结对帮扶的战略部署、“联席推进、结对帮扶、产业带动、互学互助、社会参与”的协作机制体现了党的政治领导；习近平同志提出的理论机制体现了党的思想领导，统一思想、凝聚社会力量；省区党委和政府每年召开对口扶贫协作联席会议，共同研究帮扶事项，两省区互相选派干部体现了组织领导，为西海固脱贫提供人才支持。

关键点二：新时代为什么要坚持和加强党的全面领导？

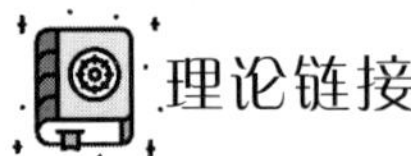

中国共产党是我国的执政党，其领导和执政地位是历史和人民的选择。

中国共产党是我国最高政治领导力量。中国共产党领导是中国特色社会主义最本质的特征，是中国特色社会主义制度的最大优势。坚持党的领导，是中国革命、建设和改革事业不断取得胜利的根本政治保证，具有重要意义。

中国共产党是中国工人阶级的先锋队，同时是中国人民和中华民族的先锋队，人民立场是中国共产党的根本立场，全心全意为人民服务是中国共产党的根本宗旨，在中国特色社会主义新时代，只有坚持和加强党的领导，才能真正落实以人民为中心的发展思想，建设现代化经济体系，推动社会主义文化繁荣兴盛，保障和改善民生，加强和创新社会治理，加快生态文明体制改革，正确认识和应对复杂的国际局势。

在中国特色社会主义新时代，只有坚持和加强党的全面领导，才能协调推进全面建设社会主义现代化国家、全面深化改革、全面依法治国、全面从严治党，为改革发展提供强大动力和可靠保障。

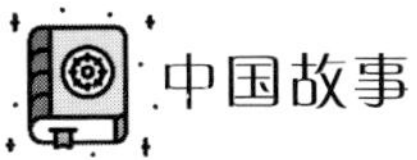

探寻成就深圳、浦东奇迹的关键密码

浦东、深圳的奇迹，关键在于"红色引擎"。党中央举旗定向，是浦东、深圳前行的"灯塔"。40 多年前，中国正徘徊在"向何处去"的十字路口，党的十一届三中全会拉开改革开放序幕，深圳经济特区建立；30 多年前，党中央全面研判国际国内大势，统筹把握改革发展大局，宣布开发开放浦东；当前，中国进入新发展阶段，引领区和示范区凸显党中央对浦东、深圳所赋予的重任。

党员干部铁肩担当，是浦东、深圳探索的"旗手"。一代又一代改革先锋们扛起改革创新的大旗，以一张蓝图绘到底的坚韧和功成不必在我的情怀，坚持人民为中心的发展思想，组建党员突击队、设立党员先锋岗、划分党员责任区，带领人民风雨同舟、砥砺前行。一部浦东、深圳发展史，就是一部党领导人民进行改革开放的实践史。

探究任务："红色引擎"是成就深圳、浦东奇迹的关键密码。请运用中国共产党的相关知识，分析该观点的合理性。

探究引路：(1)党的领导是中国特色社会主义最本质的特征，是中国特色社会主义制度的最大优势，是充分发挥中国特色社会主义制度优势的根本保证。党的优势是中国特色社会主义制度的优势之源。中国特色社会主义制度是当代中国发展进步的根本制度保障，具有鲜明的中国特色，拥有明显的制度优势。中国共产党是中国工人阶级的先锋队，同时是中国人民和中华民族的先锋队，以全心全意为人民服务为宗旨，深圳、浦东奇迹的关键在于党的领导，中国共产党发挥了总揽全局、协调各方的领导核心作用。深圳、浦东在改革开放过程中坚持以人民为中心的发展思想，实现了最广大人民的根本利益。

(2)中国共产党充分发挥了政治领导、思想领导和组织领导作用。中国共产党在长期奋斗中形成了自身的独特优势：以马克思主义为指导，用马克思主义中国化最新理论成果武装全党、教育人民的理论优势；坚定崇高的政治理想、政治信念和百折不挠的革命意志的政治优势；遵循马克思主义建党原则，严密组织体系、严格组织生活、严明组织纪律，使党成为统一整体的组织优势；坚持民主集中制这一制度优势，密切联系群众的优势。中国共产党作为长期执政的党，以自身优势引领和锻造了中国特色社会主义的制度优势，保证了中国特色社会主义制度优势的有效发挥。在深圳、浦东改革开放过程中党中央充分研判时局，作出了改革开放的重大战略部署，用中国特色社会主义思想体系指引改革前行，充分发挥了党组织的战斗堡垒作用。

(3)广大党员、干部把初心落在行动上、把使命担在肩膀上，在其位谋其政，在其职尽其责，勇当先锋、敢打头阵、主动担当、积极作为，及时解决群众所急所忧所思所盼，当好群众贴心人，团结带领、紧紧依靠人民群众，把党中央各项决策部署抓实抓细抓落地，把党的政治优势、组织优势、密切联系群众优势转化为改革创新和经济社会发展工作的强大政治优势。在深圳、浦东改革开放过程中，党员干部铁肩担当，充分发挥了共产党员的先锋模范作用。

关键点三：如何坚持和加强党的全面领导？

理论链接

1.坚持中国共产党领导一切，发挥中国共产党总揽全局、协调各方的领导核心作用。

2.坚持党要管党、全面从严治党，这关系党的先进性、纯洁性，关系人心向背，关系国家和民族的兴衰，关系党的生死存亡。

3.坚持科学执政、民主执政、依法执政。

科学执政：坚持以马克思主义为指导，不断探索和遵循共产党执政规律、社会主义建设规律、人类社会发展规律，全面增强执政本领、提高长期执政能力，并按照客观规律执好政、掌好权。

民主执政：坚持为了人民执政、依靠人民执政。民主执政强调人民群众的历史主体地位。发展中国特色社会主义民主政治，以民主的制度、民主的形式、民主的手段保证在国家政治生活的各个方面坚持和实现人民当家作主，团结一切可以团结的力量，调动一切积极因素，实现好、维护好、发展好最广大人民的根本利益，从而巩固和扩大党长期执政的群众基础。

依法执政：这是中国共产党执政的基本方式。党必须在宪法和法律的范围内活动。支持人民代表大会依法履行职能，使党的主张通过法定程序上升为国家意志，是党依法执政的重要体现。依法执政，就是坚持依法治国、建设社会主义法治国家，党要领导立法、保证执法、支持司法、带头守法，不断推进国家经济建设、政治建设、文化建设、社会建设、生态文明建设的法治化、规范化，以法治的理念、法治的体制、法治的程序保证党领导人民有效治国理政。

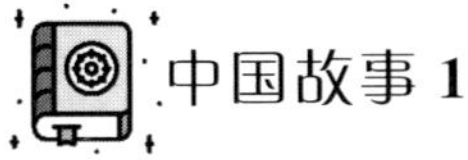

中国故事 1

全面从严治党

镜头一：“金融第一贪”赖小民

2021 年 1 月 5 日，天津市第二中级人民法院对赖小民受贿、贪污、重婚一案公开宣判，被告人赖小民以受贿罪判处死刑，剥夺政治权利终身，并处没收个人全部财产，以贪污罪，判处有期徒刑 11 年，并处没收个人财产人民币 200 万元，以重婚罪，判处有期徒刑一年，决定执行死刑，剥夺政治权利终身，并处没收个人全部财产。同时，法院判决，对赖小民受贿所得财物及其孳息予以追缴，上缴国库，不足部分，继续追缴；对贪污所得财物依法发还被害单位。

镜头二：十九届中央纪委五次全会公报（2021 年 1 月 24 日通过）

公报选摘：

第一，自觉践行“两个维护”（坚决维护习近平总书记党中央的核心、全党的核心地位，坚决维护党中央权威和集中统一领导），以强有力的政治监督保障“十四五”规划顺利实施。

第二，坚定不移深化反腐败斗争，一体推进不敢腐、不能腐、不想腐。

第三，深化整治形式主义、官僚主义顽瘴痼疾，让求真务实、清正廉洁的新风正气不断充盈。

第四，持续整治群众身边腐败和不正之风，促进社会公平正义、保障群众合法权益。

第五，推进巡视巡察上下联动，充分发挥党内监督利剑和密切联系群众纽带作用。

第六，促进各类监督贯通融合，不断增强监督治理效能。

第七，抓深抓实纪检监察体制改革，有效推进党内监督和国家监察全覆盖。

第八，从严从实加强自我监督约束，建设政治素质高、忠诚干净担当、专业化能力强、敢于善于斗争的纪检监察铁军。

探究任务：结合上述两个镜头，分析为何从严治党？如何做到从严治党？

探究引路：(1)为什么要坚持全面从严治党？

①必要性：在新形势下，党面临的考验是长期的、复杂的、严峻的，精神懈怠危险、能力不足危险、脱离群众危险、消极腐败危险更加尖锐地摆在全党面前，坚持全面从严治党是“四个全面”战略布局和新时代党的建设伟大工程的重要内容。

②重要性：坚持全面从严治党是党的建设的一贯方针和要求，关系到党的纯洁性和先进性，关系到国家和民族的兴衰，关系到党的生死存亡。坚持和加强党的领导，有利于保持和巩固党的执政地位，把党建设得更加坚强有力。

(2)怎么样坚持全面从严治党？

①新时代党的建设总要求：坚持和加强党的全面领导，坚持党要管党、全面从严治党，以加强党的长期执政能力建设、先进性和纯洁性建设为主线，以党的政治建设为统领，以坚定理想信念宗旨为根基，以调动全

党积极性、主动性、创造性为着力点，全面推进党的政治建设、思想建设、组织建设、作风建设、纪律建设，把制度建设贯穿其中，深入推进反腐败斗争，不断提高党的建设质量，把党建设成为始终走在时代前列、人民衷心拥护、勇于自我革命、经得起各种风浪考验、朝气蓬勃的马克思主义执政党。

②加强党的建设，必须推动全面从严治党向纵深发展。全面从严治党，核心是加强党的领导，基础在全面，关键在严，要害在治。

③坚持科学执政、民主执政、依法执政，不断完善执政方式。

中国故事 2

“十四五”规划的制定彰显中国独特的制度优势

五年规划主要是对国家重大建设项目、生产力分布和国民经济重要比例关系等作出规划，为国民经济发展远景规定目标和方向。

“十四五”时期是我国全面建成小康社会、实现第一个百年奋斗目标之后，乘势而上开启全面建设社会主义现代化国家新征程、向第二个百年奋斗目标进军的第一个五年。在“两个一百年”的历史交汇点上，党的十九届五中全会重点研究“十四五”规划问题并提出建议，将“十四五”规划与 2035 年远景目标统筹考虑。

2020 年 7 月 30 日，中共中央政治局召开会议，决定 2020 年 10 月在北京召开十九届五中全会，研究关于制定国民经济和社会发展第十四个五年规划。

2020 年 8 月 6 日，习近平总书记对“十四五”规划编制工作作出重要指示强调，编制和实施国民经济和社会发展五年规划，是我们党治国理政的重要方式。要开门问策、集思广益。

2020 年 8 月 15 日，“十四五”规划编制工作自 8 月 16 日起开展网上意见征求。据统计，8 月 16—29 日，累计收到网民建言超过 101.8 万条。

2020 年 9 月 25 日，习近平总书记对“十四五”规划编制工作网上意见征求活动作出重要指示强调，通过互联网就“十四五”规划编制向全社会征求意见和建议，在我国五年规划编制史上是第一次。

2020 年 10 月 26—29 日，党的十九届五中全会在北京召开，会议审议通过了《中共中央关于制定国民经济和社会发展第十四个五年规划和二〇三五年远景目标的建议》，为未来 5 年乃至 15 年中国发展擘画了蓝图。会议提出了“十四五”时期经济社会发展指导思想和必须遵循的原则，强调要高举中国特色社会主义伟大旗帜，深入贯彻党的十九大和十九届二中、三中、四中、五中全会精神，坚持以马列主义、毛泽东思想、邓小平理论、“三个代表”重要思想、科学发展观、习近平新时代中国特色社会主义思想为指导，坚定不移贯彻创新、协调、绿色、开放、共享的新发展理念。

2021 年 3 月 6 日上午，十三届全国人大四次会议各代表团举行全体会议，审查“十四五”规划和二〇三五年远景目标纲要草案；下午各代表团举行小组会议，审议政府工作报告，审查“十四五”规划和二〇三五年远景目标纲要草案。

在“十四五”规划编制过程中，从奔走多地多方调研与基层群众深入交流，到亲自主持召开七场座谈会同各界人士面对面共商国是，再到首次推动通过互联网移动端向网民征求五年规划编制建议……习近平总书记为科学谋划“十四五”规划所采取的一系列举措，正是对“人民至上”理念的生动诠释。倾听“民声”，采纳“民意”，关照“民心”。这份贯穿“人民至上”理念的“十四五”规划，必将引领中国走向更美好的明天。

探究任务：结合我国国民经济和社会发展规划出台的过程，谈谈你对党的执政方式的理解。

探究引路：中国共产党坚持科学执政。“调研、专家论证”，坚持实事求是，从客观存在出发，科学地探究事物的本质和规律，遵循规律，保证规划制定的科学性。五年规划实现了宏伟蓝图与具体目标的结合。每一个不同的发展阶段，我们都会面临不同的形势任务，这就需要根据形势变化准确把握主要矛盾、确定重点目标。“十四五”规划纲要则要求“必须立足新发展阶段、贯彻新发展理念、构建新发展格局”，顺应了国内外形势的变化，具有极强的现实针对性和时代使命感。五年规划坚持目标导向和问题导向相统一、战略性和操作性相结合，明确优先领域、重点任务，把战略蓝图转化为可操作、能落地的战术行动。

中国共产党坚持了民主执政。五年规划体现了全党全国各族人民的共同意志。每一次编制五年规划，都广泛听取各方面意见建议，这是民意充分表达的过程，也是社会共识凝聚的过程。习近平总书记强调“切实把社会期盼、群众智慧、专家意见、基层经验充分吸收到‘十四五’规划编制中来”，并先后主持召开企业家座谈会、扎实推进长三角一体化发展座谈会、经济社会领域专家座谈会、党外人士座谈会、科学家座谈会、基层代表座谈会、教育文化卫生体育领域专家代表座谈会等，听取各方面人士对“十四五”时期经济社会发展的意见和建议。五年规划坚持以人民为中心的发展思想，凝聚起广大人民群众的智慧和力量。“征求民意”，坚持走群众路线，用民主的方式调动一切积极因素，实现最广大人民的利益。坚持人民主体地位，坚持共同富裕方向，始终做到发展为了人民、发展依靠人民、发展成果由人民共享，维护人民根本利益，激发全体人民积极性、主动性、创造性，促进社会公平，增进民生福祉，不断实现人民对美好生活的向往。

中国共产党坚持依法执政。“按照既定的程序起草、论证、审议、通过”在宪法和法律范围内活动，支持国家机关依法履行职能，使党的主张通过法定程序上升为国家意志。健全党领导全面依法治国的制度和工作机制，推进党的领导制度化、法治化，通过法治保障党的路线方针政策有效实施。要坚持依法治国和依规治党有机统一，确保党既依据宪法法律治国理政，又依据党内法规管党治党、从严治党。党的领导和依法治国是统一的。我国法律充分体现了党和人民意志，我们党依法办事，这个关系是相互统一的关系。党的领导是我国社会主义法治之魂，是我国法治同西方资本主义国家法治最大的区别。离开了党的领导，全面依法治国就难以有效推进，社会主义法治国家就建不起来。具体到每个党政组织、每个领导干部，就必须服从和遵守宪法法律。

长见识　拓展阅读

拓展阅读 1

1.概念理解

(1)“四个意识”

“四个意识”:是指政治意识、大局意识、核心意识、看齐意识。这“四个意识”是2016年1月29日中共中央政治局会议最早提出来的。习近平总书记在庆祝中国共产党成立95周年大会上的讲话强调,全党同志要增强政治意识、大局意识、核心意识、看齐意识,切实做到对党忠诚、为党分忧、为党担责、为党尽责。

政治意识是要求从政治上看待、分析和处理问题。我们党作为马克思主义政党,讲政治是突出的特点和优势。政治意识表现为坚定政治信仰,坚持正确的政治方向,坚持政治原则,站稳政治立场,保持政治清醒和政治定力,增强政治敏锐性和政治鉴别力;严肃党内政治生活,严守政治纪律和政治规矩,研究制定政策要把握政治方向,谋划推进工作要贯彻政治要求,解决矛盾问题要注意政治影响,发展党员、选人用人要突出政治标准,对各类组织要加强政治领导、政治引领,对各类人才要加强政治吸纳。

大局意识是要求自觉从大局看问题,把工作放到大局中去思考、定位、摆布,做到正确认识大局、自觉服从大局、坚决维护大局。增强大局意识,就是要正确处理中央与地方、局部与全局、当前与长远的关系,自觉从党和国家大局出发想问题、办事情、抓落实,坚决贯彻落实中央决策部署,确保中央政令畅通。

核心意识要求在思想上认同核心、在政治上围绕核心、在组织上服从核心、在行动上维护核心。增强核心意识，就是要始终坚持、切实加强党的领导特别是党中央的集中统一领导，更加紧密地团结在以习近平同志为核心的党中央周围，更加坚定地维护党中央权威，更加自觉地在思想上政治上行动上同党中央保持高度一致，更加扎实地把党中央部署的各项任务落到实处，确保党始终成为中国特色社会主义事业的坚强领导核心。

看齐意识要求向党中央看齐，向党的理论和路线方针政策看齐，向党中央决策部署看齐，做到党中央提倡的坚决响应、党中央决定的坚决执行、党中央禁止的坚决不做。这是政治要求，也是政治纪律，各级党组织和广大党员、干部要树立高度自觉的看齐意识，经常和党中央要求"对表"，看看有没有"慢半拍"的问题，有没有"时差"的问题，有没有"看不齐"的问题，主动进行调整、纠正、校准。

"四个意识"是一个意蕴深刻、相互联系的有机整体，集中体现了根本的政治方向、政治立场、政治要求，是检验党员、干部政治素养的基本标准。增强"四个意识"、自觉维护习近平总书记的核心地位，对于维护党中央权威、维护党的团结和集中统一领导，对全党全军全国各族人民更好凝聚力量抓住机遇、战胜挑战，对全党团结一心、不忘初心、继续前进，对保证党和国家兴旺发达、长治久安，具有十分重大的意义。

(2)党组、党委、党总支、党支部、党工委、党小组

党组。《中国共产党章程》第48条规定："在中央和地方国家机关、人民团体、经济组织、文化组织和其他非党组织的领导机关中，可以成立党组。党组发挥领导核心作用。党组的任务，主要是负责贯彻执行党的路线、方针、政策；加强对本单位党的建设的领导，履行全面从严治党责任；讨论和决定本单位的重大问题；做好干部管理工作；讨论和决定基层党组织设置调整和发展党员、处分党员等重要事项；团结党外干部和群众，完成党和国家交给的任务；领导机关和直属单位党组织的工作。"党组的成员，由批准成立党组的党组织决定。党组必须服从批准它成立的党组织领导。

党委。一般情况下，党员人数超过100名的基层单位，经上级党组织批准，可成立党的基层委员会。有的基层单位党员人数虽然不足100名，

但因特殊情况和工作需要，经上级党组织批准，也可以成立党的基层委员会。

党总支。党员人数超过50名的基层单位，经上级党组织批准，可成立党的总支部委员会。有的基层单位党员人数虽然不足50名，但因特殊情况和工作需要，经上级党组织批准，也可以成立党总支委员会。

党支部。正式党员人数超过3名、不足50名的基层单位，经上级党组织批准，可成立党支部。其中，党员人数超过7名的，应设支部委员会；党员人数不足7名的，只设书记1人，必要时可设副书记1名。正式党员人数虽然不足3名的，可以和邻近单位的党员成立联合党支部。

党工委。中国共产党工作委员会的简称。党工委一般存在于各级行政机关中，是中央和各级地方党委派出的代表机关，受党委的委托，领导同级党委机关和国家机关党的工作。

党小组。党小组是党支部的组成部分，不是党的一级组织。党员数量少的党支部可以不划分党小组。党小组在党支部的统一领导下，负责对党员的教育和管理，直接组织和指导每个党员的日常活动，使之发挥先锋模范作用，保证党的路线、方针、政策及各项决议得到贯彻落实。

拓展阅读 2

苏联亡党亡国的启示

20世纪90年代初，具有90多年历史、执政70多年的苏联共产党失去执政地位，最终解散，世界上第一个社会主义大国苏维埃社会主义共和国联盟瓦解。

1985年戈尔巴乔夫上台，试图扭转苏联停滞僵化的局面，进行了非常激烈的改革。为了缓解经济困难，首先进行经济改革。出台了“加速战略”，即“加速国家社会经济发展战略”，试图在短时间内改变苏联经济停滞的状况，但这些改革措施，缺少宏观决策和相应的配套措施；加上戈尔巴乔夫仍没有放弃苏联的传统做法，继续优先发展重工业，致使经济不断滑坡，人民生活水平继续下降。同时引发了苏联的特权阶层强烈不满和社会动荡。

在经济改革没有取得预期成果的情况下，戈尔巴乔夫把改革的重点转向政治领域。1987 年，戈尔巴乔夫出版《改革与新思维》一书。1988 年，戈尔巴乔夫提出“人道的民主的社会主义”，实行政治“多元化”和多党制，削弱和放弃了苏共的领导地位，反对派趁势崛起，致使社会动荡日益加剧。经济危机、政局动荡和社会混乱加剧了民族矛盾，民族分裂势力和地区分裂势力也趁机而起。

在苏联解体之前，立陶宛于 1990 年 3 月 11 日率先宣布独立，其他共和国也纷纷加以仿效，先后发表了宣布恢复或收复主权的声明，并开始制订实现独立的步骤和措施。为阻止苏联解体，部分苏联高级领导人发动了一场不成功的政变——八一九事件。八一九事件后，苏联政局急转直下，俄罗斯当局逮捕了参与政变的领导人，以叛国罪予以起诉，并对国防部、内务部等要害部门进行清洗。苏联共产党完全失去了执政党的地位。1991 年 8 月 24 日，戈尔巴乔夫宣布辞去苏共中央总书记的职务，并要求苏共中央自行解散。各加盟共和国全部宣布独立。1991 年 12 月 21 日，除波罗的海三国和格鲁吉亚外的苏联 11 个加盟共和国签署《阿拉木图宣言》和《独立国家联合体协议议定书》。1991 年 12 月 25 日 19 时 40 分，戈尔巴乔夫宣布辞去苏联总统职务。12 月 26 日，苏联最高苏维埃共和国院举行最后一次会议，宣布苏联停止存在。

苏联是世界上第一个社会主义国家，作为曾与美国抗衡的超级大国，竟然一时之间土崩瓦解。苏联解体这一事件并非一种“突变”，而是各种因素长期综合作用的结果。

(1)思想理论上，教条主义禁锢，思想僵化，照搬照抄脱离本国国情。

苏共领导人长期以来思想僵化，机械教条地固守马克思主义，不能根据实践、时代和本国的实际情况变化推进理论创新，形成了许多对马克思主义错误的认识，严重制约了社会主义改革。当矛盾日益尖锐时，苏共彻底否定了马克思主义的指导，走向了西方资本主义。

(2)政治领域中，长期实行高度集中的政治体制，忽视社会主义民主法制建设，官僚主义盛行、严重脱离群众。

苏联实行高度集权的经济政治体制，没有随着时间、条件的变化及时进行调整改革，使得体制的弊端愈发明显。当无力排除改革的困难时，完全否定了这种模式，最终全面否定社会主义制度。

长期以来，苏联重视重工业而忽视人民的物质文化生活需要，背离了社会主义生产的根本目的。另外，从20世纪50年代随着冷战的开始，美苏两国展开了激烈的军备竞赛，耗费了大量的财力，使得人民生活所需用品长期匮乏。

苏共领导人把党的领导同社会主义民主法制完全对立，缺乏党内民主和社会主义民主。由于自身权力过度集中的体制及缺乏一个公开、透明和有效的监督竞争机制，使得苏共长期高度垄断了一切的资源和国家的权力而变成了一个新的贵族阶级，站在了人民的对立面，同时因为没有一个对人民负责的体制，工农阶级的劳动人民只是沦为了一个旗号。权力与资源最终只是为上层阶级服务的。官员干部为所欲为、欺压百姓、假公济私，越是基层则越是腐败。苏联体制制造了一个等级森严的社会，上层根本接触不到底层的民众，不了解人民的疾苦，在粉饰下所看到的只是他们想看到和让其看到的东西。官员干部并不关心人民艰难的生存现状，政府对于人民的态度只是任其自生自灭，面对苏联大量老百姓的贫穷和饥寒交迫苏共则视而不见。最终苏共致使自己完全丧失了民心。

(3)忽视执政党自身建设。

苏共一些党的领导人思想政治上变质，丧失共产主义信仰，使党丧失了精神支柱和思想凝聚力。由于自身权力过度集中的体制及缺乏一个公开、透明和有效的监督竞争机制，苏共缺乏党内民主。苏联的集权体制导致权力过度集中，从而使得苏共的官员和干部中饱私囊与贪污腐败严重。在苏联强大的官僚体制下，还形成了以苏共官员和干部为首的庞大特权利益集团，从而引发了巨大的社会矛盾。

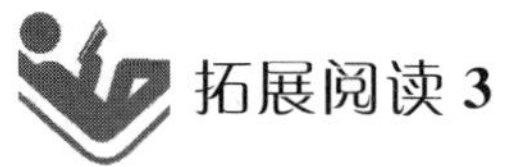

拓展阅读 3

《中国共产党党内监督条例》(节选)

（2016 年 10 月 27 日中国共产党第十八届中央委员会
第六次全体会议通过）

第一章　总　则

第一条　为坚持党的领导，加强党的建设，全面从严治党，强化党内监督，保持党的先进性和纯洁性，根据《中国共产党章程》，制定本条例。

第二条　党内监督以马克思列宁主义、毛泽东思想、邓小平理论、“三个代表”重要思想、科学发展观为指导，深入贯彻习近平总书记系列重要讲话精神，围绕统筹推进“五位一体”总体布局和协调推进“四个全面”战略布局，尊崇党章，依规治党，坚持党内监督和人民群众监督相结合，增强党在长期执政条件下自我净化、自我完善、自我革新、自我提高能力，确保党始终成为中国特色社会主义事业的坚强领导核心。

第三条　党内监督没有禁区、没有例外。信任不能代替监督。各级党组织应当把信任激励同严格监督结合起来，促使党的领导干部做到有权必有责、有责要担当，用权受监督、失责必追究。

第四条　党内监督必须贯彻民主集中制，依规依纪进行，强化自上而下的组织监督，改进自下而上的民主监督，发挥同级相互监督作用。坚持惩前毖后、治病救人，抓早抓小、防微杜渐。

第五条　党内监督的任务是确保党章党规党纪在全党有效执行，维护党的团结统一，重点解决党的领导弱化、党的建设缺失、全面从严治党不力，党的观念淡漠、组织涣散、纪律松弛，管党治党宽松软问题，保证党的组织充分履行职能、发挥核心作用，保证全体党员发挥先锋模范作用，保证党的领导干部忠诚干净担当。

第六条　党内监督的重点对象是党的领导机关和领导干部特别是主要领导干部。

第七条　党内监督必须把纪律挺在前面，运用监督执纪“四种形态”，经常开展批评和自我批评、约谈函询，让“红红脸、出出汗”成为常态；党纪轻处分、组织调整成为违纪处理的大多数；党纪重处分、重大职务调整的成为少数；严重违纪涉嫌违法立案审查的成为极少数。

第八条　党的领导干部应当强化自我约束，经常对照党章检查自己的言行，自觉遵守党内政治生活准则、廉洁自律准则，加强党性修养，陶冶道德情操，永葆共产党人政治本色。

第九条　建立健全党中央统一领导，党委（党组）全面监督，纪律检查机关专责监督，党的工作部门职能监督，党的基层组织日常监督，党员民主监督的党内监督体系。

提素养　导思导行

1.高一(2)班政治课堂上就《坚持和加强党的全面领导》知识开展了探究活动。圆梦小组从“礼赞70年”系列报道之五十七“从改造我们的学习到全党来一个大学习”中摘录了以下内容，准备展示小组对党的思想领导的理解。

2019年初，这个叫“学习强国”的学习平台“火”了，超过1.3亿用户主动学习、积极打卡。打开“学习强国”客户端，既有习近平总书记最新讲话、活动的报道与解读，也有围绕中国梦、中国精神等数十个主题的总书记论述摘编，还有中央最新重要会议和文件精神解读。这里，是学习交流习近平新时代中国特色社会主义思想的园地。这是一个慕课平台，集纳来自国家图书馆、清华大学、北京大学、武汉大学等单位和高校的近200种课程，涵盖了政治经济、理工农医、人文哲学等领域。“国图公开课”中，“怎样认识故宫”“丝绸之路与丝路之绸”“玩出来的智慧——人类思维的三次飞跃”最受欢迎。“每日金句”“每日评论”“每日科技名词”等栏目，内容短小精炼，便于用户利用碎片时间学习。把党的创新理论成果搬到线上，“学习强国”让学习有组织、有管理、有指导、有服务，更多样、更个性、更智能、更便捷。今天,学习正在成为共产党人的一种追求、一种爱好、一种健康的生活方式。中国共产党人依靠学习走到今天,也必然要依靠学习走向未来。

请你为圆梦小组的展示活动撰写一份讲稿。要求:讲稿做到相关知识与材料紧密结合;观点明确、条理清晰、论述有理有据;字数在 200 字左右。

2.以“如何理解依法执政”为议题,走访所在地区的政府机关、企事业单位的党组织,了解党依法执政的表现,用思维导图方式展现,并分享各自的心得。

3.以“伟大的中国共产党在我身边”为议题,采用问卷调查或者访谈提纲的方式,了解身边优秀共产党员的事迹,将其作为素材,举办班级演讲比赛,互相分享交流。

第四章　人民民主专政的社会主义国家

1949年新中国成立，人民成为国家的主人，1954年我国的第一部宪法明确规定："中华人民共和国是工人阶级领导的、以工农联盟为基础的人民民主国家。""中华人民共和国的一切权力属于人民。"而在党的十九大报告中，"人民当家作主"作为关键词出现了11次。人民民主专政的国体庄严宣誓了我国国家政权的人民性质。在社会发展过程中，我国用一整套制度体系保障了人民的权益，在制度运行过程中充分尊重并彰显了人民的意志，并在社会主义现代化建设中真正实现了最广泛、最真实、最管用的社会主义民主的鲜活生命力。

指方向　习语金句

尊重人民主体地位，保证人民当家作主，是我们党的一贯主张。

——**2016年7月1日习近平在庆祝中国共产党成立95周年大会上的讲话**

我国社会主义民主是维护人民根本利益最广泛、最真实、最管用的民主。我们要坚持人民民主，更好把人民的智慧和力量凝聚到党和人民事业中来。

——2020 年 5 月 22 日习近平在参加十三届全国人大三次会议内蒙古代表团审议时的讲话

把关键　中国故事

关键点一：如何理解人民民主专政的本质是人民当家作主

理论链接

1.我国的国体

(1)我国是人民民主专政的社会主义国家，人民民主专政是我国的国体。

(2)《中华人民共和国宪法》规定："中华人民共和国是工人阶级领导的、以工农联盟为基础的人民民主专政的社会主义国家。"确定了我国的国家性质。

2.人民民主专政是我国的国体，在社会主义制度中具有根本性意义

(1)它明确规定了社会各阶级在国家中的地位，庄严宣示了我国国家政权的人民性。

(2)我国的国家政权坚持以工人阶级为领导，以工农联盟为基础。

A.工人阶级为什么是领导阶级？

工人阶级是先进生产力的代表，具有严格的组织性和纪律性，是领导阶级，是中国革命和社会主义建设事业的中坚力量。

B.广大农民为什么是同盟军？

广大农民与工人阶级有着共同的利益和天然的联系，是工人阶级可靠的同盟军。工农联盟不仅是夺取新民主主义革命胜利的重要保证，也是社会主义事业发展的重要保证。

（3）我国的国家政权坚持团结一切可以团结的力量，最大限度地调动一切积极因素。在长期的革命、建设、改革过程中，已经结成了广泛的爱国统一战线。

3.社会主义民主是最广泛、最真实、最管用的民主

推进社会主义现代化建设，必须充分发扬人民民主，激发人民创造活力，同时要正确行使国家的各项职能，为社会主义事业保驾护航。

（1）民主的含义：民主作为国家制度，指在统治阶级范围内，按平等的原则和少数服从多数的原则来共同管理国家事务。

（2）社会主义民主的含义：社会主义民主是一种新型民主，是维护人民根本利益的最广泛、最真实、最管用的民主。

A.社会主义民主是最广泛的民主

这不仅表现在人民享有广泛的民主权利，而且表现在民主主体的广泛性。

社会主义国家人民当家作主的本质属性，要求不断健全社会主义民主制度，丰富社会主义民主形式，将人民的民主权利推行到政治、经济和社会生活等各个领域，逐步实现政治生活的民主化，经济管理的民主化和社会生活的民主化。

B.社会主义民主是最真实的民主

在政治保证层面，我国是共产党执政的社会主义国家，有一个代表最广大人民利益的坚强领导核心。中国共产党的坚强领导，是在国家生活中实现人民民主的根本政治保证。在制度和法律保障层面，我国已建立一套切实体现和有效维护人民民主的制度安排，制定了从多方面保障公民权利和自由的法律。这些制度和法律的建立及其不断完善，在实践中保障了人民民主的有效落实。在实现方式层面，我国不仅在国家权力机关和人民政府的组织等方面实行民主选举，还在国家和社会治理中实行多层次、多渠道的民主协商。

C.社会主义民主是一种最管用的民主

我国建立了一整套保障人民当家作主的制度体系。这套制度体系体现了人民意志，保障了人民权益，激发了人民的创造活力，能够有效杜绝西方国家常见的选举时漫天许诺、选举后无人过问的开“空头支票”问题，防止出现人民形式上有权、实际上无权的现象，避免相互掣肘而导致内耗严重、效率低下的弊端。

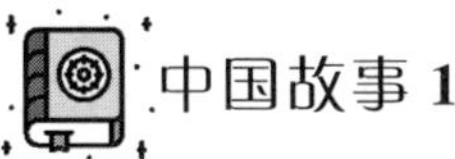

中国故事 1

耄耋老人 17 张选民证见证时代巨变

1954 年 1 月 17 日，21 岁的朱报喜(后改名为朱光伟)在学校参加了广州市基层人大代表选举。老人谈及第一次参加人大代表选举时的情境仍然记得当时激动的心情，“学校给年满 18 周岁的学生都发了选民证。”老人回忆。“解放了！我是中华人民共和国的公民了，我有选举权了！”

今年，86 岁的他已经收集了 17 张选民证。第一张最抢眼，薄薄的纸片颜色已经泛黄，上面梯形下面长方形的黑色边框，最上面用繁体字写着“选民证”，下面竖向排版，从右到左三栏，分别写着注意事项、姓名、性别、年龄，以及落款。正面盖着红色方形印章，字迹已经模糊；背面蓝色印章写着“已参加选举”。

“小小一张选民证，体现的是‘人民代表人民选，选好代表为人民’。”朱光伟说。每一次投票前，朱光伟都会认真地研究候选人，从履历、界别等角度进行差额投票。“选上来的人必须能够全心全意为国家谋发展、为人民谋福祉。”

(参考于丽爽:《耄耋老人 17 张选民证见证时代巨变》，https://baijiahao.baidu.com/s? id=1605474271481076411&wfr=spider&for=pc，访问日期:2021 年 5 月 20 日)

探究任务 1:根据上述材料，了解选民证上的信息，并分析 1954 年为什么要给年满 18 周岁的学生发放选民证。

探究引路:(1)选民证指经由选举机构依法进行选民资格审查，发给依法享有选举权和被选举权的公民的盖有选举工作机构印章的证明书，是选民参加选举活动的凭证。(2)选民证须写明选民的姓名、性别、年龄等内容。我国相关法律规定，选民名单应在选举日的二十日以前公布，实行凭选民证参加投票选举的，并应当发给选民证。在选举日，选民凭证进入选举大会会场或者投票站领取选票。选民证只限本人使用，不得转让。民族区域自治地方的选民证还须加盖当地通用的少数民族文字的公章。选民证可以委托选举工作领导小组或者选民小组分别发放，也可召开群众大会发放。通过庄严的选民证发放仪式，激发人民群众当家作主的责任感。(3)我国是人民民主专政的社会主义国家，本质是人民当家作主。我国宪法规定，国家的一切权力属于人民。而人民依照法律规定，通过全国人民代表大会和地方各级人民代表大会行使权力的方式，是间接民主，即公民必须先选举产生自己的代表组成各级权力机关，再由各级权力机关代替公民去行使当家作主的权利，而公民的选举权和被选举权就是实现这种间接民主的必经程序。

探究任务 2：在我国，除了投票选举，公民参与政治生活还有哪些方式？列举实例加以说明。

探究引路：公民参与政治生活的途径有两条：一是通过直接或间接民主选举选出人大代表组成全国人民代表大会和地方各级人民代表大会，代表人民行使当家作主的权利；二是人民依照法律规定，通过各种途径和形式，如民主选举、民主管理、民主协商、民主决策、民主监督等，管理国家事务，管理经济和文化事业，管理社会事务。其中，第二种途径就包括直接民主的方式，即公民直接行使自己的各项民主权利，管理各项事务。而通过全国人民代表大会和地方各级人民代表大会行使权力的方式，是间接民主。

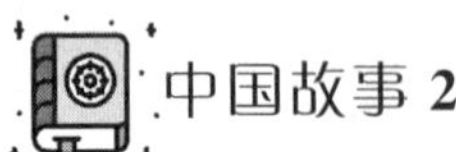

中国故事 2

人民民主专政的本质是人民当家作主

镜头一：陕甘宁边区政府的选举情况

报纸上报道，安定县中区一位 70 多岁裹小脚的老阿婆，手拄拐杖，高高兴兴地走出山沟，要去参加选举。当时大风呼啸，飞沙蔽日，人们劝她别去了，她执意不从，边走边说："活到70多岁，总没做过主，今天要咱做主，咱自然要去选个如意的。"

（参考赵连雄、石和平：《新中国的雏形——陕甘宁边区政权史话》，北京：中国民主法制出版社，2012年，第54页）

镜头二：十三届全国人大代表具有广泛代表性

根据法律的规定，在全国人大常委会的主持下，2017年12月中旬至2018年1月，全国35个选举单位共选举产生了2980名十三届全国人大代表。其中，少数民族代表占代表总数的14.70%；与十二届相比，妇女代表占代表总数的24.90%，提高了1.5%；一线工人、农民代表占代表总数的15.70%，提高了2.28%；专业技术人员代表占代表总数的20.57%，提高了0.15%；党政领导干部代表占代表总数的33.93%，比十二届人大降低了0.95个百分点。

（参考王琦：《2980名十三届全国人大代表的代表资格确认全部有效 具有广泛代表性》，http://www.npc.gov.cn/zgrdw/npc/cwhhy/12jcwh/2018-02/25/content_2038370.htm，访问日期：2021年5月20日）

探究任务：结合镜头一和镜头二，探究人民如何当家作主以及社会主义民主具有什么特点。

探究引路：(1)镜头一中民众能够普遍地通过选举活动，行使自己当家作主的权利，真正实现了人民的解放与政治民主，在最广泛的范围内充分调动了人民群众的积极性。人民民主是社会主义的生命，是中国共产党始终高举的光辉旗帜。它真正体现了人民当家作主，使占全国人口绝大多数的人民真正成为国家的主人，享有国家制度所保障的充分民主权利，因而社会主义民主是维护人民根本利益的最广泛、最真实、最管用的民主。(2)全国人民代表大会的代表，都是经过逐级投票、自下而上选出的人民意志代言人。各少数民族、妇女、来自基层的工人和农民、专业技术人员都有适当名额的代表，保障了社会不同群体都能通过人大代表发出自己的声音，实现人民当家作主，体现了社会主义民主具有广泛性的特点。

中国故事 3

社会主义民主在现实生活的生动体现

镜头一：2021 年 1 月 1 日，《中华人民共和国民法典》正式实施。民法典编纂过程，正是中国特色社会主义民主政治体现人民意志的生动实践——全国人大常委会 10 次向社会公开征求意见，征集各方面意见 102 余万条，针对意见反映集中、争议较大的问题专门召开座谈会……我国每一部法律的"立改废"都体现着科学立法、民主立法、依法立法。去年，共有 33 部法律草案通过中国人大网向社会公开征求意见，30 多万人次参与提出意见。

（参考《民主更加健全 彰显制度优势（大数据观察·数说全面小康）》，https://baijiahao.baidu.com/s? id=1691527633182937242&wfr=spider&for=pc，访问日期：2021 年 5 月 20 日）

镜头二：十三届全国政协第 46 次双周协商座谈会 21 日在京召开。11 位委员和特邀代表围绕会议主题从不同角度建言咨政。100 余位委员在全国政协委员移动履职平台上发表意见。一些委员建议，要把营造高标准营商环境作为实施好"十四五"规划的重要条件，把持续优化营商环境作为推动高质量发展的重点任务。双周协商座谈会是政协民主协商的重要形式之一，每两周举行一次，目前共举办 120 多次，已成为政协协商民主经常性平台和重要品牌。

（参考《全国政协召开双周协商座谈会 围绕"持续优化营商环境"协商议政 汪洋主持》，http://www.cppcc.gov.cn/zxww/2021/01/22/ARTI1611275959770112.shtml，访问日期：2021 年 5 月 20 日）

镜头三：党的十八届四中全会要求要建立基层立法联系点制度进一步推进立法精细化。2015 年全国人大常委会法工委批复虹桥街道为基层立法联系点。上海市在制定《上海市生活垃圾管理条例》的时候就充分利用基层立法联系点征求民众意见。79 岁的夏云龙老先生是虹桥街道长虹社区居民，他认为生活垃圾分类如果搞得太复杂，老年人很难适应，也记不住，所以夏老先生“从老年人的视角发表了意见，建议按照大多市民熟悉的四分法来分”。“真没想到，我的建议最终被采纳入法了。”夏老先生激动地说，“这说明立法联系点的意见征集不是摆样子，老百姓的想法能在立法中切实得到体现。”

（参考周倩文、张隽：《基层立法联系点发挥大作用》，http://www.npc.gov.cn/npc/c30834/201910/e642f18debae43fa962743ecf1f97a08.shtml，访问日期：2021 年 5 月 20 日）

镜头四：重庆市五届人大三次会议人大代表黄源彪提出的建议（节选）

关于建立市人大常委会基层立法联系点的建议

党的十八届四中全会形成的《中共中央关于全面推进依法治国若干重大问题的决定》，针对加强立法工作提出了一系列重要举措，其中一条就是“建立基层立法联系点制度”。

(1)加强制度建设。设立基层立法联系点，全国各地人大已有较成熟的做法和不少富有成效的经验，并已形成制度。

(2)明确基本职责。从各地的基层立法联系点情况看，其基本的职责有：一是受委托组织基层有关方面对五年立法规划草案及年度立法计划草案提出意见建议；二是受委托组织基层有关方面对地方性法规草案和全国人大法律草案提出修改意见建议；三是主动收集和反映基层组织、群众提出的立法建议和要求；四是参与人大有关方面组织开展的各类立法活动；五是配合开展法制宣传；六是搜集法规实施情况。从各地运行情况看，由于所设立立法联系点的“基层”属性，设立之初不应规定太多的职责，主要应当是前三项工作。

(3)做好运行保障。个别地方人大设立的基层立法联系点也有出现运行效果不佳的情况，总结起来，主要是保障跟不上的问题。市人大常委会有关方面应当重点在运行经费和能力培训上加以保障。

（参考黄源彪：《关于建立市人大常委会基层立法联系点的建议》，http://www.ccpc.cq.cn/jydetail? id=9279，访问日期：2021 年 5 月 20 日）

重庆市人大常委会法制工委对市人大代表黄源彪

所提建议的答复函（节选）

关于市五届人大三次会议

第0186号建议办理情况的答复函

尊敬的黄源彪代表：

您提出的《关于建立市人大常委会基层立法联系点的建议》（第0186号）收悉。按照市五届人大三次会议代表建议办理工作安排，经市人大法制委和常委会法制工委牵头办理，目前市人大常委会首批5个基层立法联系点已建立并挂牌运行，现将办理情况作如下答复。

一、加强基层立法联系点制度建设

二、科学选点布局基层立法联系点

三、基层立法联系点正式挂牌运行

四、下一步工作打算

目前，市人大常委会首批5个基层立法联系点已正式挂牌运行，为充分发挥基层立法联系点作用，市人大法制委和常委会法制工委将进一步健全完善机制建设，加强工作联系指导，夯实立法队伍建设，不断提升基层立法联系点的工作能力和水平。

一是健全完善工作机制。二是加强工作联系指导。三是抓实地方立法实践。四是夯实立法队伍建设。

感谢您对地方立法工作的关心与支持。对以上答复您有什么意见，请通过填写回执及时反馈市人大常委会人代工委。

重庆市人大法制委　重庆市人大常委会法制工委

2020年7月24日

（参考重庆市人大法制委重庆市人大常委会法制工委：《关于市五届人大三次会议第0186号建议办理情况的答复函》，http://www.ccpc.cq.cn/jydetail? id=9279，访问日期：2021年5月20日）

探究任务1：人大代表议案、政协双周协商座谈会、上海虹桥基层立法联系点的设立背后体现了社会主义民主具有什么特点？

探究引路：社会主义民主是最真实的民主。中国共产党的领导为社会主义民主提供坚强的政治保证，人民代表大会制度、中国共产党领导的多党合作和政治协商制度、民族区域自治制度、基层群众自治制度等制度切实体现和有效维护了社会主义民主。《民法典》等法律的制定与完善从多方面保障公民权利，在实践中保障了社会主义民主的有效落实。

探究任务 2：请结合材料分析我国人民可以通过哪些方式参与政治生活？

探究引路：民主选举和民主协商是保障社会主义民主真实性的实现方式。镜头四的重庆市人大代表是人民通过选举产生的，人大代表组成人民代表大会，人民代表大会代表人民行使国家权力，其他国家机关要对人大负责，受人大监督，从而保障人民当家作主的地位。市级以上人大设有常设机关，即常委会及其专门委员会，重庆市人大常委会法制工委是重庆市人大的组成部分，在人大闭会期间代行部分职权。在镜头五中法工委通过积极回应市人大代表的建议，体现了人民通过民主选举的方式参与政治生活。政协协商和基层立法联系点协商都属于协商民主，协商民主是我国社会主义民主政治的特有形式和独特优势，在实践中体现为民主协商。

中国故事 4

中西方民主的比较：何为真正民主

镜头一：9899 万贫困人口，八年时间，一个都不少全部迈进全面小康社会。这是以习近平同志为核心的党中央对中国人民的庄严承诺。从精准扶贫到五级书记抓扶贫，从攻克深度贫困堡垒到解决“两不愁三保障”，面对着多重难关，习近平总书记带领全党全国各族人民，采取了许多具有原创性、独特性的重大举措，组织实施了人类历史上规模最大、力度最强的脱贫攻坚战。2020 年，占世界近五分之一人口的中国彻底摆脱绝对贫困，创造了人类扶贫史上的中国奇迹。

（参考《摆脱贫困｜第一集：庄严承诺》，http://www.xinhuanet.com/video/2021-02/19/c_1211031287.htm，访问日期：2021 年 5 月 20 日）

镜头二："十四五"规划建议稿起草的一个重要特点是坚持发扬民主、开门问策、集思广益。2020 年 8 月 16—29 日，"十四五"规划编制工作开展网上征求意见，广大人民群众踊跃参与，留言 100 多万条。

"'院坝问事'问的是群众的心声，议的是群众的诉求，解的是群众的难题。"渠县县委书记王飞虎说。渠县目前在村（社区）开展"院坝问事"1600 余场次，解决乡村治理难题 2300 余件，切实提高了群众参与基层治理的主动性和积极性。

（参考《数说全面小康：民主更加健全 彰显制度优势》，http://data.people.com.cn/paper/rmrb/20210213/2，访问日期：2021 年 5 月 20 日）

镜头三：美国网站"政治事实"（https://www.politifact.com/）统计了奥巴马在竞选期间做出的 526 个竞选承诺。奥巴马在任期间，兑现的承诺有 255 个，占 47%；部分兑现（做出妥协）的承诺有 146 个，占 27.4%；没有兑现的承诺有 125 个，占 23%。

竞选承诺完成情况图

（参考"A Scorecard on President Obama's Campaign Promises"，https://www.politifact.com/，访问日期：2021 年 5 月 20 日）

探究任务：请你根据材料，分析导致上述差异的原因，并阐述你对真正的民主的理解。

探究引路：（1）我国社会主义民主是最管用的，其本质上是为绝大多数人谋利益的人民民主。人民民主同时包含着对人民历史主体地位和创造活力的尊重，要求人民依法实行民主选举、民主决策、民主管理、民主监督，赋予其追求实现每个人自由而全面发展的终极价值关怀。

从现实来看，民主必须落实为具体的政治实践和政治制度，以调节政治关系、建立政治秩序、推动国家发展、维护社会稳定。

(2)新中国成立以来，中国人民在中国共产党的领导下，进行了社会主义民主政治建设的成功实践，形成了一整套符合中国国情，务实、管用、高效的民主制度。

(3)我国社会主义民主完整的制度程序和参与实践，保证了人民在日常政治生活中有广泛持续深入参与的权利。在选举民主之外不断丰富的协商民主，使人民享有的民主权利不再局限于政治领域，而是广泛深入经济、社会、文化等与人民利益相关的方方面面，极大地丰富了民主的内涵。

关键点二：坚持人民民主专政

理论链接

1.人民民主专政的本质是人民当家作主。发展社会主义民主政治，就是要在国家生活中体现人民意志、保障人民权益、激发人民创造活力，用制度体系保证人民当家作主。

2.发扬社会主义民主的意义。

只有充分发扬社会主义民主，保证人民依法享有广泛的权利和自由，尊重和保障人权，才能调动亿万人民群众投身于社会主义现代化建设的积极性，使社会主义各项事业保持蓬勃的生机。

3.人民民主专政的国家政权为什么还担负着对少数敌对分子实行专政，维护国内正常社会秩序，抵御国外敌对势力侵略和颠覆活动的历史任务？

(1)人民民主专政包含对广大人民实行民主和对少数敌人实行专政

两个方面。

(2)在我国社会主义制度建立之后，剥削阶级作为一个阶级已被消灭，阶级矛盾已不是社会的主要矛盾。但是，由于国内的因素和国际的影响，阶级斗争还在一定范围内长期存在，在某种条件下还有可能激化。

4.社会主义现代化建设的可靠保障。

我国的国家职能与人民民主专政的国体相适应，为社会主义现代化建设提供可靠保障。国家职能表现在对内和对外两个方面：

(1)对内职能主要是维护国家稳定，促进社会发展。

(2)对外职能主要是防御外来侵略，保卫国家安全。

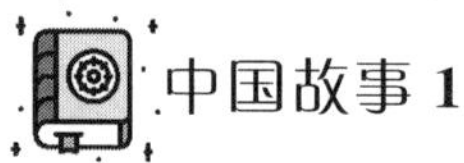

中国故事 1

人民军队是中国特色社会主义的坚强柱石

镜头一：“我站立的地方是中国，我用生命捍卫守候，哪怕风似刀来山如铁，祖国山河一寸不能丢。”这是高原边防官兵喜爱的一首歌。2020 年 4 月以来，有关外军严重违反两国协定协议，在加勒万河谷地区蓄意挑起事端，甚至暴力攻击我前往现地交涉的官兵。面对外方的非法侵权挑衅行径，我边防官兵保持克制忍让，在忍无可忍的情况下，边防官兵对暴力行径予以坚决回击，取得重大胜利，有效捍卫了国家主权和领土完整。“横空大气排山去，砥柱人间是此峰。”每逢重大事件和历史时刻，人民军队始终是党和人民完全可以信赖的英雄军队，是中国特色社会主义的坚强柱石。

（参考温文:《团长重伤,4 名官兵牺牲！中央军委表彰卫国戍边英雄》,https://baijiahao.baidu.com/s? id＝1692103090717976699&wfr＝spider&for＝pc,访问日期:2021 年 5 月 20 日）

镜头二：2020 年新冠疫情袭来，一架架大型运输机载着军队支援湖北医疗队员抵达武汉，“我想请全国人民放心，在疫情面前，我们中国人民解放军誓死不退！一定护佑大家的平安和健康！”刚走下运输机的联勤保障部队马凌医生对着电视机前的全国观众郑重承诺。

新冠肺炎救治是医生和患者并肩与病毒战斗。毛青医生是全军知名的传染病专家，他没想到自己在病房里说的一段重庆话，竟热传网络。一位老婆婆不吃饭，毛青医生在查房时便开导她说："不吃饭就没营养了，怎么回去遛你的小狗狗!""我明天再来看你，要看到你笑啊!"这个场景，被住在同一间病房里老人的外孙女用手机录了下来发到网上，感动了无数人。有人留言说："这是我听过最好听的重庆话……"56 岁，36 年党龄，40 年军龄。毛青说，自己得配得上写进履历里的每一个数字，对得起共产党员、军人、军医这几个身份。除夕夜，接到出征命令，毛青就像一位战士听到冲锋号。"穿上军装，就要敢于冲锋陷阵!"他说。

在军队支援湖北医疗队队员的悉心救治下，患者一批接一批康复出院，直至病区病例"清零"。4 月中旬，习主席签署通令，嘉奖军队执行新冠肺炎疫情防控任务全体人员。嘉奖令指出，执行疫情防控任务全体人员，以坚定信念、过硬能力、顽强作风、牺牲奉献，交出了一份圆满答卷，"为党旗、军旗增添了光彩"。

（参考《"不获全胜，决不收兵"——记抗疫中的军队医务工作者》，https://baijiahao.baidu.com/s? id=1677174268040600003&wfr=spider&for=pc，访问日期：2021 年 5 月 20 日）

探究任务 1：结合人民民主专政的相关知识，分析镜头一和镜头二作为人民民主专政的坚强柱石，中国人民解放军发挥着怎样的作用。

探究引路：（1）《中华人民共和国国防法》规定中华人民共和国的武装力量由中国人民解放军现役部队和预备役部队、中国人民武装警察部队、民兵组成。中华人民共和国的武装力量属于人民。它的任务是巩固国防，抵抗侵略，保卫祖国，保卫人民的和平劳动，参加国家建设事业，全心全意为人民服务。《中国人民解放军内务条令》规定中国人民解放军的任务是，巩固国防，抵抗侵略，保卫祖国，保卫人民的和平劳动，参加国家建设事业。（2）中国人民解放军在新时代的使命任务是，坚决维护中国共产党的领导和中国特色社会主义制度，坚决维护国家主权、安全、发展利益，坚决维护国家发展的重要战略机遇期，坚决维护地区与世界和平，为实现"两个一百年"奋斗目标、实现中华民族伟大复兴的中国梦提供战略支撑。(3)我国的国体是人民民主专政，包含着对广大人民实行民主和对极少数敌人实行专政两个方面，民主是专政的基础，专政是民主的保障。人民解放军抵御外来侵略，保卫国家安全是国家对外职能的体现，也是与人民民主专政的国体相适应，为社会主义现代化建设提供保障。而人民解放军支援湖北医疗队，坚持把人民群众生命安全和身体健康放在第一位作为全体医疗队员打赢这场疫情阻击战的核心要义，保障了人民的生命安全，更是国家保障人民民主的生动体现。无论是坚决捍卫国家主权、安全、领土完整，还是积极参加和支援经济社会建设，参与新冠疫情防控与救助工作，人民解放军自觉服从服务于党和国家工作大局，有效履行历史使命，证明自己不愧为中国特色社会主义的坚强柱石和重要建设力量。

探究任务2：结合材料说明卫国戍边英雄在履行什么国家职能？履行这种职能的原因是什么？

探究引路：(1)为了维护国家主权、安全、发展利益，中国人民解放军履行对外专政职能，戍边英雄们对外军的暴力行径予以坚决回击，有效捍卫了国家主权和领土完整，维护了我国国家安全和利益，维护了我国人民的根本利益，保障了我国人民民主专政的实施。(2)履行专政职能的原因是，在我国社会主义制度建立之后，剥削阶级作为一个阶级已经被消灭，但是阶级斗争还在一定范围内长期存在。中国人民对抵制和破坏我国社会主义制度的国内外的敌对势力和敌对分子，必须进行斗争，必须坚持党对人民军队的绝对领导，充分发挥武装力量对人民民主专政的保障作用。

长见识　拓展阅读

拓展阅读 1

“窑洞对”

黄炎培曾对毛泽东说，一部历史，“政怠宦成”的也有，“人亡政息”的也有，“求荣取辱”的也有，总之没有能跳出这“周期率”。中共诸君从过去到现在，我略略了解到的，就是希望找出一条新路，来跳出这“周期率”的支配。

毛泽东稍作思考后回答：我们已经找到新路，能跳出这“周期率”。这条新路就是民主。只有让人民来监督政府，政府才不敢松懈。只有人人起来负责，才不会人亡政息。这次著名对谈，史称“窑洞对”。

（参考石仲泉：《“两个务必”与“三个对谈”》，http://dangjian.people.com.cn/n/2014/0228/c117092-24489802.html，访问日期：2021 年 5 月 20 日）

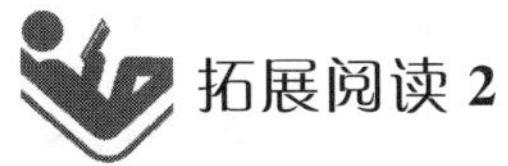

拓展阅读 2

毛泽东《论人民民主专政》节选

人民是什么？在中国，在现阶段，是工人阶级，农民阶级，城市小资产阶级和民族资产阶级。这些阶级在工人阶级和共产党的领导之下，团结起来，组成自己的国家，选举自己的政府，向着帝国主义的走狗即地主阶级和官僚资产阶级以及代表这些阶级的国民党反动派及其帮凶们实行专政，实行独裁，压迫这些人，只许他们规规矩矩，不许他们乱说乱动。如要乱说乱动，立即取缔，予以制裁。对于人们内部，则实行民主制度，人民有言论集会结社等项的自由权。选举权，只给人民，不给反动派。这两方面，对人民内部的民主方面和对反动派的专政方面，互相结合起来，就是人民民主专政。

……

对于反动阶级和反动派的人们，在他们的政权被推翻以后，只要他们不造反，不破坏，不捣乱，也给土地，给工作，让他们活下去，让他们在劳动中改造自己，成为新人。他们如果不愿意劳动，人民的国家就要强迫他们劳动。也对他们做宣传教育工作，并且做得很用心，很充分，像我们对俘虏军官们已经做过的那样。这也可以说是“施仁政”吧，但这是我们对于原来是敌对阶级的人们所强迫地施行的，和我们对于革命人民内部的自我教育工作，不能相提并论。

……

一九二四年，孙中山亲自领导的有共产党人参加的国民党第一次全国代表大会，通过了一个著名的宣言。这个宣言上说：“近世各国所谓民权制度，往往为资产阶级所专有，适成为压迫平民之工具。若国民党之民权主义，则为一般平民所共有，非少数人所得而私也。”除了谁领导谁这一个问题以外，当作一般的政治纲领来说，这里所说的民权主义，是和我们所说的人民民主主义或新民主主义相符合的。只许为一般平民所共有、不许为资产阶级所私有的国家制度，如果加上工人阶级的领导，就是人民民主专政的国家制度了。

人民民主专政的基础是工人阶级、农民阶级和城市小资产阶级的联盟，而主要是工人和农民的联盟，因为这两个阶级占了中国人口的百分之八十到九十。推翻帝国主义和国民党反动派，主要是这两个阶级的力量。由新民主主义到社会主义，主要依靠这两个阶级的联盟。

人民民主专政需要工人阶级的领导。因为只有工人阶级最有远见，大公无私，最富于革命的彻底性。整个革命历史证明，没有工人阶级的领导，革命就要失败，有了工人阶级的领导，革命就胜利了。在帝国主义时代，任何国家的任何别的阶级，都不能领导任何真正的革命达到胜利。中国的小资产阶级和民族资产阶级曾经多次领导过革命，都失败了，就是明证。

……

总结我们的经验，集中到一点，就是工人阶级（经过共产党）领导的以工农联盟为基础的人民民主专政。这个专政必须和国际革命力量团结一致。这就是我们的公式，这就是我们的主要经验，这就是我们的主要纲领。

（参考毛泽东：《论人民民主专政》，《毛泽东选集》第四卷，北京：人民出版社，1991 年，第 1468～1482 页）

拓展阅读 3

协商民主——人类政治文明的中国智慧

实现民主的形式是丰富多彩的，哪一种民主是合适的，应当以它在一国治理中的实际效果来衡量。我国社会主义协商民主作为人民民主的重要形式在中国的社会发展中彰显出巨大优越性。

首先，政协协商是我国独有的协商民主形式。人民政协作为最广泛的爱国统一战线组织、中国共产党领导的多党合作和政治协商的重要机构是社会主义协商民主的重要渠道和专门协商机构。但协商民主并不仅仅局限在政协协商过程中，改革开放以来，我国基层兴起大量协商民主实践。村（居）民会议、村（居）民代表会议、村（居）民议事会、村（居）民理事会、恳谈会等基层协商民主形式让人民群众直接参与协商、直接行使民主权利，是依法进行自我管理、自我服务和自我发展的主要形式，更是实行民主监督的重要途径。

协商民主强调人们有效沟通、充分交流、交换意见，寻求最大公约数，凝聚最大共识，形成更加合理、更加完善的解决方案，从而在化解矛盾冲突、促进社会和谐稳定方面具有独特优势。

（参考孙存良：《协商民主——人类政治文明的中国智慧》，http://ex.cssn.cn/zk/zk_zz/201909/t20190920_4974486.shtml，访问日期：2021 年 5 月 20 日）

提素养　导思导行

实践任务一：关注2021年厦门市两会，自选角度写一篇专题报道。

实践任务二：“我的生活日志：寻找生活中的民主”留心观察自己身边的协商民主，选择其中一个事件，分析这个过程中是如何开展协商民主的，完成表4-1。

表4-1　生活中的民主·协商中的精彩

日期	协商民主事件				民主讨论过程中我印象深刻的瞬间（文字、图片或短视频呈现）	我的思考
	地点	参与者	讨论的事项	此次事件中我最关注的问题		

实践任务三：

材料一：疫情暴露美国民主实质

疫情之下，是竭力挽救民众生命还是片面追求经济数据？一些美国政客竟然毫无人性地提出了“老人应主动为重启美国经济而牺牲”的冷血言论。美国一直标榜自己是民主和人权的“楷模”，什么叫言行不一、什么叫极端虚伪，可见一斑。统计数据显示，美国疫情主要的死亡群体是老人、穷人以及非白人族裔。不难看出，在美国，所谓人权，只是那些有钱人才能享有的东西；所谓民主，也不过是有钱人玩的游戏。

（参考任平：《疫情暴露美国民主实质》，https://baijiahao.baidu.com/s?id=1667709682194856130&wfr=spider&for=pc，访问日期：2021年5月20日）

材料二：为人民代言，助推中国式民主腾飞

基层人大代表杜国玲用 3 年时间，终于让“PM2.5”写进了今年的政府工作报告；

全国政协委员蒋洪连续 5 年发布他的田野调查《中国财政透明度报告》，锲而不舍推进政府财政预算透明；

今年以来，全国政协召开了两次双周协商座谈会，围绕“建筑产业化”进行协商座谈。

为人民代言，为群众谋利，代表委员们共商国是、平等交流，票决民主和协商民主相辅相成，成为中国特色民主政治的生动写照。中国人大、政协制度的不断完善，推进着中国式民主政治继续进步。

（参考《两会观察：中国式民主进程持续推进》，http://politics.people.com.cn/n/2014/0309/c70731-24579542.html，访问日期：2021 年 5 月 20 日）

1.结合材料一、二和所学知识，说说造成中西方民主不同结果的制度原因是什么。

2.如果让你为“中国式民主”写一篇宣传文章，你会如何向世界介绍中国特色社会主义民主的特点和优势？请列出文章提纲。

第五章　人民代表大会制度

人民代表大会制度是我国的政体，是与我国人民民主专政的国体相适应的政权组织形式，是坚持党的领导、人民当家作主、依法治国有机统一的根本政治制度安排，是中国特色社会主义政治制度优越性的重要体现。坚持和完善人民代表大会制度，是发展社会主义民主政治的重要内容。

指方向　习语金句

坚持和完善人民代表大会制度，必须保证和发展人民当家作主。人民当家作主是社会主义民主政治的本质和核心。人民民主是社会主义的生命。没有民主就没有社会主义，就没有社会主义的现代化，就没有中华民族伟大复兴。我们必须坚持国家一切权力属于人民，坚持人民主体地位，支持和保证人民通过人民代表大会行使国家权力。

——2014年9月5日习近平总书记在庆祝全国人民代表大会成立六十周年大会上的讲话

新形势新任务对人大工作提出新的更高要求。地方人大及其常委会要按照党中央关于人大工作的要求，围绕地方党委贯彻落实党中央大政方针的决策部署，结合地方实际，创造性地做好立法、监督等工作，更好助力经济社会发展和改革攻坚任务。要自觉接受同级党委领导，密切同人民群众的联系，更好发挥人大代表作用，接地气、察民情、聚民智，用法治保障人民权益、增进民生福祉。要加强自身建设，提高依法履职能力和水平，增强工作整体实效。

——2019 年 7 月习近平总书记对地方人大及其常委会工作作出的重要指示

关键点一：人民如何行使当家作主的权利？

理论链接

1.人民行使国家权力的方式：广大人民通过民主选举选出各级人大代表，由他们组成各级人民代表大会，代表人民统一行使国家权力，决定全国和各级地方的一切重大事务，并由权力机关产生行政、监察、审判、检察等机关，具体行使管理国家和社会事务的权力。

2.人民行使国家权力的机关：全国人民代表大会和地方各级人民代表大会，行使立法权、决定权、任免权和监督权。

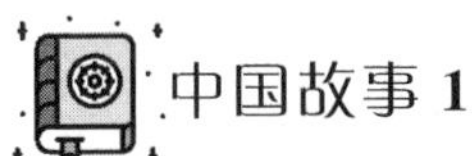

中国故事 1

民法典是开门立法的好典范

民法典的制定实行开门立法，一方面是基于民法典的自身属性。作为“社会生活的百科全书”的存在，民法典涵盖范围上到公司建立、下至高空抛物等几乎所有的民事活动。从这个层面上说，民法典就应该充分尊重人民群众的意愿，倾听人民群众的呼声。而顺应这一要求，民法典草案于2019年12月28日在中国人大网公布全文并且公开征求意见。据全国人大常委会法工委发言人岳仲明表示，“从2019年12月28日至2020年1月26日的公开征求意见期间，民法典草案共收到13718位网民提出的114574条意见”，这正见证着民法典成为开门立法的好典范。

民法典的制定实行开门立法，另一方面则是基于以人民为中心的工作要求。民法典里问题的提出和解决，要充分体现人民的利益和意志，要能为解决实际问题提供切实可行的依据。因此，全国人大自2018年8月以来，每一次审议了各分编草案以后还会深入基层，就民法典和人民群众生活联系比较密切的问题充分调研，倾听意见，比如专门找物业代表举行座谈等。

总之，民法典开门立法全程都凸显着以人民为中心的理念。

（参考《民法典是开门立法的好典范》，https://baijiahao.baidu.com/s?id=1667172431200432546&wfr=spider&for=pc，访问日期：2021年5月10日）

中国故事 2

聚焦十三届全国人大四次会议议程

十三届全国人大四次会议5日上午开幕，11日下午闭幕，共安排3次全体会议。

大会议程

一、审议政府工作报告

二、审查国民经济和社会发展第十四个五年规划和2035年远景目标纲要草案

三、审查2020年国民经济和社会发展计划执行情况与2021年国民经济和社会发展计划草案的报告、2021年国民经济和社会发展计划草案

四、审查2020年中央和地方预算执行情况与2021年中央和地方预算草案的报告、2021年中央和地方预算草案

五、审议全国人民代表大会常务委员会关于提请审议《中华人民共和国全国人民代表大会组织法(修正草案)》的议案

六、审议全国人民代表大会常务委员会关于提请审议《中华人民共和国全国人民代表大会议事规则(修正草案)》的议案

七、审议全国人民代表大会常务委员会关于提请审议《全国人民代表大会关于完善香港特别行政区选举制度的决定(草案)》的议案

八、审议全国人民代表大会常务委员会工作报告

九、审议最高人民法院工作报告

十、审议最高人民检察院工作报告

探究任务1:结合上述两个故事,运用所学的政治与法治的相关知识,说明我国根本政治制度是如何保障人民当家作主的。

探究引路:(1)人民代表大会制度作为我国的根本政治制度,是按照民主集中制原则,由人民定期选出自己的代表组成各级人民代表大会作为人民行使国家权力的机关,并由人民代表大会产生其他国家机关,以实现人民民主专政历史任务的政权组织形式。

(2)人民代表大会依法行使立法权、决定权、任免权和监督权。

(3)人民通过人民代表大会行使国家权力。人民通过行使选举权,选出代表人民利益的各级人大代表,各级人大代表组成各级人民代表大会。国家行政机关、监察机关、审判机关、检察机关都由人民代表大会产生,对它负责,受它监督。各级人民代表大会要对人民负责,受人民监督。通过这样一个完整的过程,人民当家作主的权利就有了根本保证,人民的根本利益就得到了可靠的保障。

探究任务2:结合十三届全国人大四次会议议程,说明全国人民代表大会的地位和职权。

探究引路:(1)全国人民代表大会的地位:全国人民代表大会是我国最高国家权力机关,国家最高的立法权、决定权、任免权和监督权都由全国人民代表大会行使。全国人民代表大会在我国国家机关组织体系中居于最高地位,国家行政机关、监察机关、审判机关、检察机关都由人民代表大会产生,对它负责,受它监督。

(2)全国人民代表大会的职权："审议政府工作报告"、"审议最高人民法院工作报告"、"审议最高人民检察院工作报告"表明全国人民代表大会行使监督权，因为国务院、最高人民法院和最高人民检察院均由全国人大产生，对其负责，受其监督；"审查国民经济和社会发展第十四个五年规划和2035年远景目标纲要草案"、"审查2020年国民经济和社会发展计划执行情况与2021年国民经济和社会发展计划草案的报告、2021年国民经济和社会发展计划草案""审查2020年中央和地方预算执行情况与2021年中央和地方预算草案的报告、2021年中央和地方预算草案"表明全国人民代表大会行使监督权、决定权；"审议全国人民代表大会常务委员会关于提请审议《中华人民共和国全国人民代表大会组织法(修正草案)》的议案"、"审议全国人民代表大会常务委员会关于提请审议《中华人民共和国全国人民代表大会议事规则(修正草案)》的议案"、"审议全国人民代表大会常务委员会关于提请审议《全国人民代表大会关于完善香港特别行政区选举制度的决定(草案)》的议案"表明全国人民代表大会行使立法权；"审议全国人民代表大会常务委员会工作报告"表明全国人民代表大会行使监督权。

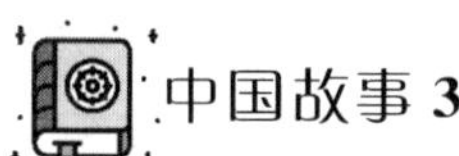

中国故事 3

人大代表风采

镜头一：共和国民主进程的传奇——申纪兰

她只是一名普通农村妇女，却是唯一连任十三届的全国人大代表，她就是申纪兰。

被外国人称为中国最资深的"国会议员"，申纪兰就是全国人民代表大会制度的"常青树""活化石"，她关注山区交通建设、耕地保护、农村教育等与人民群众密切联系的问题，曾向全国人大提交过诸多建议和议案，不断得到采纳和落实。"人民代表大会让人民有了说话的权利。当人大代表，就要代表人民的利益，代表人民说话，代表人民办事。"申纪兰是这样说的，也是这样做的。

申纪兰带领西沟村妇女争取权益的事迹，在全国引起强烈反响。1951 年，21 岁的申纪兰当选山西省长治市平顺县西沟村成立初级农业生产合作社副社长，她主张妇女出门劳动。但面临一个问题：干同样的活儿，男女社员得工分不相等，女社员较少。于是，申纪兰提议开展妇女们和男社员之间的劳动竞赛，例如比赛锄苗，最终，太行山深处的这个西沟村，在全国率先实现了男女同工同酬。在 1953 年《人民日报》发表的题为《劳动就是解放，斗争才有地位》文章中，便报道了此次事迹。1954 年 9 月 15 日，提倡"男女同工同酬"的申纪兰 25 岁便当选为第一届全国人大代表，到北京参加第一届全国人民代表大会第一次会议，推动和见证着"男女同工同酬"被正式写入宪法。

申纪兰也提过很多与交通相关的建议，"修通路，迈大步，带领大家去致富。路修好了，才能实现更好的发展。"1996 年，在申纪兰的持续建言下，长治到北京的直达列车顺利开通。2001 年，她向大会提交推动山区交通建设的相关建议。2003 年，她又提交了加快修建林长高速公路的相关建议。2019 年，她又向大会提交一件"关于加快推进聊（城）邯（郸）长（治）客专项目的建议"。

针对美丽乡村建设、贫困地区旅游开发等问题，申纪兰也不断发表自己的意见并且提交建议。2019 年，申纪兰向大会提交了"关于支持平顺县创建中药材国家级现代农业产业园的建议"，极大推动平顺脱贫攻坚。

（参考《功勋人物——申纪兰》专题报道，http://www.npc.gov.cn/npc/gxrwsjl/gxrwsjl.shtml，访问日期：2020 年 6 月 30 日）

镜头二："代表通道"展现人大代表风采

2021 年 3 月 8 日，十三届全国人大四次会议第二场"代表通道"开启，七位代表通过网络畅谈，展现人大代表风采。

张伯礼代表：坚持常态化防控和精准防控相结合

中国工程院院士，天津中医药大学党委副书记、校长张伯礼代表，向大家分享了在武汉奋战抗疫一线的感受。这次全国人民众志成城，取得了抗击疫情的重大战略成果，张伯礼提到要为年轻一代的医务工作者点赞。同时他强调："现在，我们国家的疫情趋于平缓，但是外防输入、内防反弹的任务还很艰巨，所以要坚持常态化防控和精准防控相结合。”

邹彬代表：坚持干一行爱一行

邹彬，是中国建筑第五工程局有限公司总承包公司项目质量管理员，是一名“95后”建筑工人。他在初学砌墙之时就坚持标准，刻苦练习之后最终在第四十三届世界技能大赛上获得了砌筑项目优胜奖，实现了中国在这一奖项上零的突破。他说：“特别想对农民工兄弟姐妹们说，坚持干一行爱一行，成长为大国工匠，为实现中国梦贡献自己的一份力量。”他希望农民工群体能得到社会的更多关注，拥有更多提升自己以及改变命运的机会。

杨震生代表：用大爱书写精彩奇迹

1976年唐山大地震造成3817人截瘫，河北省唐山市截瘫疗养院院长杨震生代表是地震后出生的第一个生命。“我有使命助力他们过上幸福的生活，活出精彩的人生。”在疗养院的悉心照顾之下，截瘫伤员不仅快乐地生活着，而且还诞生了两名世界冠军，在国内外残疾人运动会上获得奖牌77枚，其中金牌58枚，可以说讲述了一个个精彩的奇迹。“这是我们党用大爱创造的奇迹。在小康路上一个也没有掉队，这充分彰显了我们中国特色社会主义制度的显著优势！”杨震生表示。

范永贞代表：弘扬中华优秀传统文化

云南省丽江市文化馆副馆长范永贞代表，亲自见证丽江市文化馆这11年来的蜕变，曾经那个无馆舍、无业务经费的落魄小馆，如今摇身一变成为占地1万平方米、投资规模达1亿元、每年都有近400万元经费的国家一级馆，极大地提高了边疆人民的文化生活品质。她说：“这组数据背后，饱含了党和国家对我们边疆民族地区无限的关心和厚爱。”作为一名来自边疆的少数民族代表，范永贞表示，一定不负重托，与家乡同胞一起，弘扬中华优秀传统文化，筑牢中华民族共同体意识，同心共筑中国梦。

齐嵩宇代表：为技术工人创造更大平台

齐嵩宇代表，身为中国第一汽车集团公司红旗工厂技术处外网维修工人、首席技能师，是一名汽车生产线上的工人，也被称为“生产线上的发明家”，2004年以来，他一共有33项发明专利，获得了28项国家科技创新奖。齐嵩宇说，正是因为国家的强大，促进了一汽的高质量发展，才使他拥有成为“国家科学技术进步奖”获得者的机会。他希望国家多出台相关政策，为技术工人创造更大的创新平台，让他们充分发扬“工匠精神”，为中国制造贡献力量。

张金海代表：让我们的家园更美丽

张金海代表，是山东省东营市湿地城市建设推进中心职工，当了29年环卫工人。他先后实施技改项目80余项，获得国家发明和实用新型专利34项，解决技术难题和排除设备故障9000多个，从一名普通的环卫工人成长为首席技师、全国劳模。他还专门成立了创新工作室，带出30多名徒弟皆成为环卫一线上的技术骨干，其中不乏劳模。“我们要发扬‘三牛’精神，让我们的家园更生态、更环保、更美丽。”张金海说。

马一德代表：为高质量发展提供法律保障

中国科学院大学公管学院教授马一德代表是一名知识产权学者。保护知识产权，就要提升保护知识产权的法治化水平。他说，继中国改革开放之初确立知识产权制度，再到中国加入世贸组织，为了适应国际规则进行修法后，近两年我国又根据发展和实际需求，进行了系统修法升级。可以说，中国知识产权的法律体系已经构建，中国知识产权法律的“四梁八柱”已经牢牢架起。知识产权的系统修法，能更好地为中国经济高质量发展提供法律保障。

（参考李红梅：《为实现中国梦贡献力量（连线·代表通道）》，《人民日报》2021年3月9日）

探究任务1：人大代表所肩负的重托即是“代”百姓之言，“表”万民之声，结合申纪兰代表的事迹，说说人大代表享有哪些职权。

探究引路：人大代表在国家权力机关参加行使国家权力、审议各项议案、表决各项决定、依照法律规定的程序向人民代表大会提出议案、对政府等机关的工作提出质问并要求答复。简言之，人大代表享有审议权、表决权、提案权、质询权。

探究任务2：“民有所呼，‘会’有所应”是如何在全国人大代表身上体现的？

探究引路：我国各级人民代表大会的代表，由民主选举产生。人大代表是人民利益的代言人。他们来自人民，肩负人民重托，努力为人民服务，并自觉接受人民的监督。人大代表作为人民代表大会的组成人员，多倾听人民的呼声，了解人民群众的利益需求，将那些事关人民根本利益诉求的意见和建议，以议案或建议的方式提交全国人民代表大会，有利于切实维护和保障人民当家作主。

关键点二：为什么说人民代表大会制度是适合中国国情的好制度？

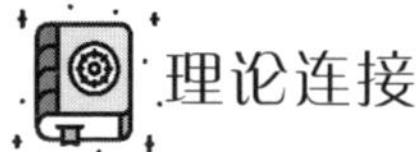

1.人民代表大会制度的含义

人民代表大会制度是按照民主集中制的原则，由人民定期选出自己的代表组成各级人民代表大会作为人民行使国家权力的机关，并由人民代表大会产生其他国家机关，以实现人民民主专政历史任务的政权组织形式。

2.人民代表大会制度的优势

人民代表大会制度是中国共产党把马克思主义基本原理同中国具体实际相结合的伟大创造，具有鲜明的中国特色和突出的制度优势。

(1)它保障了人民当家作主；

(2)动员了全体人民以国家主人翁的姿态投身于社会主义建设；

(3)保证了国家机关协调高效运转；

(4)维护了国家统一和民族团结。

人民代表大会制度是坚持党的领导、人民当家作主、依法治国有机统一的根本政治制度安排，体现了中国特色社会主义的制度优势。

中国故事 1

疫情之下，中美医疗体系对比

镜头一：中国新冠患者免费检测、免费医疗

2020 年 6 月 7 日，国务院新闻办发布《抗击新冠肺炎疫情的中国行动》白皮书。

白皮书指出，截至 5 月 31 日，全国确诊住院患者结算人数 5.8 万人次，总医疗费用 13.5 亿元，确诊患者人均医疗费用约 2.3 万元。其中，重症患者人均治疗费用超过 15 万元，一些危重症患者治疗费用几十万元甚至上百万元，全部由国家承担。

白皮书举例说，一位身患新冠肺炎的 70 岁老人，经过 10 多位医务工作人员几十天的精心护理，最终挽回了生命，而这期间产生近 150 万元的治疗费用则全部由国家承担。

（《抗击新冠肺炎疫情的中国行动》白皮书，http://www.scio.gov.cn/ztk/dtzt/42313/43142/index.htm，访问日期：2020 年 7 月 7 日）

镜头二：疫情之下的美国

若在美国，前去医院做新冠肺炎检测一次的费用是 3500 美金（约 24000 元人民币），可是，特朗普对于抗击疫情仅仅只批了 25 亿美金，仅仅只够 72 万人检测。而且，据美国恺撒家庭基金会（KFF）估算，新冠肺炎患者的平均治疗费用为 9763 美元（约 6.5 万元人民币）。

因此，美国发生疫情之初，正是由于那些疑似感染者因考虑成本问题而未参加检测，这便导致了美国新冠肺炎感染率极速上升。

即使后来政府对检测机构提供费用补偿，检测率有所提高，但患者仍面临高额自付费用。据民意调查，有 68% 的美国成年人表示，如果出现疑似感染症状，那么决定是否就医的重要因素之一便是自付费用的高低程度。

（参考房连泉：《疫情之下的美国医改》，http://www.xinhuanet.com/globe/2020-11/04/c_139468240.htm，访问日期：2021 年 5 月 4 日）

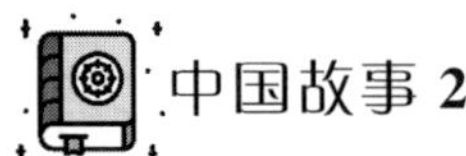

中国故事 2

对比中美医改

镜头一：奥巴马医改之难

2009 年奥巴马上台后展开医改，然而《平价医改法案》从制定到落实都举步艰难。

一是医疗保险集团和医药行业因顾及自己的利益和利润而坚决反对。

二是联邦政府和州政府之间责任分担不清，互相推诿。原本国民医疗保障一直被视为州政府的责任，但随着医疗问题逐渐复杂化，大多数州政府没有能力、财力以及专门的监管机构来处理，这便有了联邦政府的逐渐介入。但是，随着联邦政府医疗财政赤字增加，联邦政府又将责任更多寄托于州政府。到最后，在公共医疗计划中，到底是联邦政府还是州和地方政府应该承担更多责任，这个问题始终僵持不下。

三是关于《平价医保法》立法者也争论不休。奥巴马政府制定医改之初，被参议院共和党指责，称这一改革是在扰乱医疗市场的公平竞争。在国会审议和最终投票前，众议院共和党人，"敦促民主党重新考虑医改法案，指责这是一部致命的、错误的、毁灭国家的法案"在投票过程中，共和党以"零票"结果坚决反对，民主党依靠在两院的绝对多数优势，操纵国会及其立法过程，最终导致新医改法案成为"一党胜利"的成果。

（参考张国庆：《奥巴马医改"执行难"》，《中国周刊》2010 年 4 月 20 日）

镜头二：中国医疗卫生体制改革规模之大、速度之快、质量之高

2016 年 10 月，由中共中央政治局审议通过的《"健康中国 2030"规划纲要》发布，勾勒出一个健康中国的美好蓝图。统计显示，仅 2016 年一年，党中央、国务院共部署 10 方面 50 项重点医改任务，印发实施健康相关重要政策文件 20 余个。

以习近平同志为核心的党中央，深入推进健康中国建设取得了世界瞩目的成就：

"世界上规模最大的基本医疗保障网覆盖城乡，大病保险制度惠及

10亿多居民；医疗卫生服务体系不断完善，多元化、多样化健康需求不断得到满足；公共卫生安全防控屏障织密加固；百姓看病就医负担明显减轻，个人卫生支出占卫生总费用比重降到近20年来最低水平，居民主要健康指标总体上优于中高收入国家平均水平……”

世界卫生组织高度称赞中国政府为促进全球健康卫生事业发展所作出的贡献，正如世界卫生组织新任总干事谭德塞所说的，“中国医疗卫生体制改革规模之大、速度之快、质量之高令人赞叹。”

（参考赵承、陈芳、胡浩、王宾：《以习近平同志为核心的党中央加快推进健康中国建设纪实》，http://theory.cyol.com/content/2017-10/16/content_16589496.htm，访问日期：2020年10月14日）

探究任务：分析导致中美在医疗体系方面产生差异的原因，说明我国人民代表大会制度为什么要实行民主集中制？

探究引路：（1）中美在医疗体系方面产生差异的原因可从以下几方面分析：①中国实行民主集中制，美国实行三权分立制。②立法过程：中国高效，集中民意，反映民智；美国两党斗争，举步维艰。③在中央与地方关系：在中央部署下中国地方积极推动新医改实施，美国联邦政府州政府责任分担不清。④医院、医疗保险集团、医药集团配合度：中国在中央领导下高效配合医改；美国各利益集团因利益受损反对。

（2）民主集中制是我国国家机构的工作原则。①在我国，全国人民代表大会统一行使国家权力，国家行政机关、监察机关、审判机关、检察机关都由人民代表大会产生，对它负责，受它监督。中央和地方的国家机构职权的划分，也遵循在中央的统一领导下充分发挥地方的主动性、积极性的原则。②人民代表大会制度保证了国家机关协调高效运转。人民代表大会作为国家权力机关统一行使国家权力，集体行使职权，集体决定问题；在人民代表大会统一行使国家权力的前提下，国家行政机关、监察机关、审判机关、检察机关各司其职，各尽其责，既能保证国家权力始终掌握在人民手中，又有利于各个国家机关分工合作，协调一致地履行职责。③人民代表大会制度遵循民主集中制原则，使得国家机关协调运转，可以保证人民当家作主。

长见识　拓展阅读

拓展阅读 1

人民代表大会制度

人民代表大会制度是中国特色社会主义制度的重要组成部分，也是支撑中国国家治理体系和治理能力的根本政治制度。

(1)人民与国家权力的关系

国家的一切权力属于人民，这是中国政治制度的核心内容和根本准则。《宪法》第二条规定："中华人民共和国的一切权力属于人民。人民行使国家权力的机关是全国人民代表大会和地方各级人民代表大会。"民主集中制作为我国国家机构的基本原则，建立在一切权力属于人民的基础之上。人民代表大会制度就是按照一切权力属于人民和民主集中制的原则建立并运行的。

(2)人民与国家权力机关的关系

《宪法》第三条第二款规定："全国人民代表大会和地方各级人民代表大会都由民主选举产生，对人民负责，受人民监督。"民主选举是民主集中制的基础，也是人民代表大会的重要特征。民主选举的实质就是把属于人民的权力委托给人民选出的代表，由他们集体行使国家权力，人民是各级人民代表大会的权力来源。因此，各级人大代表都必须代表人民的利益和意志，积极履行人大代表的职责，对人民负责，受人民监督。

(3)国家权力机关与其他国家机关的关系

《宪法》第三条第三款规定："国家行政机关、监察机关、审判机关、检察机关都由人民代表大会产生，对它负责，受它监督。"该条规定集中体现了人大与"一府一委两院"的关系。其中，人大作为国家权力机关，所行使的权力是对国家生活和社会生活具有决定性意义的权力。同时，人大通过制定《宪法》和法律，把人民委托的一部分权力，授予由人大产生的“一府一委两院”，使其分别行使行政权、监察权、审判权和检察权。“一府一委两院”对人大是一种从属关系，不能脱离或者违背人大的意志行事。

（4）中央和地方的关系

《宪法》第三条第四款规定：“中央和地方的国家机构职权的划分，遵循在中央的统一领导下，充分发挥地方的主动性、积极性的原则。”按照这一规定，中央和地方的关系主要体现为适当的职责分工。全国人大及其常委会制定的法律、国务院的行政法规等，地方必须遵照执行，同时地方又享有充分的自主权。这样，既有利于中央的集中统一领导，又便于地方发挥主动性、积极性，从而统筹兼顾。此外，国家在各少数民族聚居的地方实行民族区域自治，设立自治机关，使其依法行使自治权。

以上几个方面共同构成了人民代表大会制度的基本内容。人民代表大会制度与人民代表大会虽然关系紧密，但二者是不同的概念。人民代表大会是我国的国家权力机关，而人民代表大会制度不仅包括人民代表大会及其常委会的组织制度和工作制度，还包括以人民代表大会为核心的相关国家机关的组织形式，以及各个国家机关之间、各个国家机关同人民之间关系的一系列原则和制度。

拓展阅读 2

全国人民代表大会的监督权

监督权是宪法和法律赋予全国人大及其常委会的重要职权。习近平总书记强调：“人民代表大会制度的重要原则和制度设计的基本要求，就是任何国家机关及其工作人员的权力都要受到制约和监督。”人大监督的目的在于确保宪法和法律得到正确实施，维护社会主义法制的统一、尊严和权威；确保行政权、监察权、审判权、检察权得到正确行使，推进“一府一委两院”依法行政、开展监察、公正司法和改进工作；确保公民、法人和其他组织的合法权益得到切实尊重和维护，实现好、维护好、发展好人民群众的根本利益和切身利益。全国人大常委会的监督工作主要包括：

一是组织执法检查，对法律的实施情况进行检查监督。全国人大常委会的执法检查，一般由委员长会议组成人员牵头，由有关专门委员会具体组织实施。

二是听取和审议有关国家机关专项工作报告。常委会每年选择若干关系改革发展稳定大局、涉及人民群众切身利益、社会普遍关注的重大问题，有计划地安排听取和审议有关国家机关的专项工作报告。

三是听取审议计划、预算的执行情况报告和审计工作报告，审查和批准决算等。全国人大常委会一般在每年6月听取国务院关于上一年度中央决算的报告、关于上一年度中央预算执行和其他财政收支的审计工作报告，批准中央决算。

四是对规范性文件进行备案审查。

五是开展专题询问。从2010年6月开始，全国人大结合听取审议国务院专项工作报告，采取分组会议、联组会议等形式开展专题询问。

其他的法定监督方式还有质询、特定问题调查、撤职。目前，这些监督方式在全国人大及其常委会层面很少运用，地方人大已经有了一些实践。

（参考信春鹰：《全国人大常委会的组织制度和议事规则》，http://www.npc.gov.cn/npc/c541/201806/60d9dbc8fa214e07b321308b1b591f0e.shtml，访问日期：2021年4月15日）

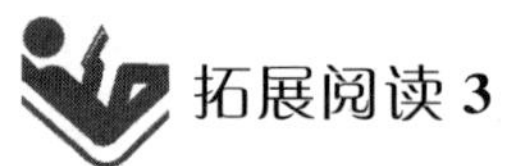

拓展阅读3

《中华人民共和国全国人民代表大会和地方各级人民代表大会选举法》(节选)

根据2020年10月17日第十三届全国人民代表大会常务委员会第二十二次会议《关于修改〈中华人民共和国全国人民代表大会和地方各级人民代表大会选举法〉的决定》第七次修正）

第七章　选民登记

第二十七条　选民登记按选区进行，经登记确认的选民资格长期有效。每次选举前对上次选民登记以后新满十八周岁的、被剥夺政治权利期满后恢复政治权利的选民，予以登记。对选民经登记后迁出原选区的，列入新迁入的选区的选民名单；对死亡的和依照法律被剥夺政治权利的人，从选民名单上除名。

精神病患者不能行使选举权利的，经选举委员会确认，不列入选民名单。

第二十八条　选民名单应在选举日的二十日以前公布，实行凭选民证参加投票选举的，并应当发给选民证。

第八章　代表候选人的提出

第三十条　全国和地方各级人民代表大会的代表候选人，按选区或者选举单位提名产生。

各政党、各人民团体，可以联合或者单独推荐代表候选人。选民或者代表，十人以上联名，也可以推荐代表候选人。推荐者应向选举委员会或者大会主席团介绍代表候选人的情况。接受推荐的代表候选人应当向选举委员会或者大会主席团如实提供个人身份、简历等基本情况。提供的基本情况不实的，选举委员会或者大会主席团应当向选民或者代表通报。

各政党、各人民团体联合或者单独推荐的代表候选人的人数，每一选民或者代表参加联名推荐的代表候选人的人数，均不得超过本选区或者选举单位应选代表的名额。

提素养　导思导行

一、躬行一日，体验代表生活：在一线，听民声——厦门建立人大代表联系群众活动室

民有所呼，我有所应。2018 年，厦门市人大常委会下发《关于完善人大代表联系群众工作平台的通知》，2019 年又出台《关于厦门市人大代表活动经费管理使用的意见》，积极在代表和群众之间搭桥铺路。如今，厦

门市6个区38个镇(街)均已建立代表联系群众活动室，并在此基础上向基层延伸，设立活动站442个，实现全市镇(街)、村(居)平台全覆盖。

“代表联系群众活动室设立的初衷，就是让代表更方便倾听社情民意，让其在闭会期间更好地履职。”厦门市人大常委会副主任刘绍清表示。

精耕制度创新、注重服务实效，厦门点面结合、上下联动。一方面，按照就近就地、结构合理、规模适度的原则，将在厦的各级人大代表共2227名编入代表联系群众平台，形成相对固定的梯形联系网络；另一方面，发挥教师、医生、法律服务等领域代表的优势，在企业、学校、医院等设立5个行业联系点，为群众开展特色服务。

“从垃圾分类到养老助老、从交通拥堵到小区改造，基层代表活动室已经成为推动解决热点难点问题的重要平台，也展现了代表在深度参与基层治理中的新作为。”厦门市湖里区人大代表陈旭玲说，正是在日常走访与接待群众时，自己发现小区物业与业委会之间经常出现矛盾，于是领衔提出了《关于重视小区业委会建设的议案》，并推动出台了《湖里区推进城市居民小区治理工作的指导意见》，让小区治理和建设工作有章可循。

据了解，去年厦门全市代表联系群众室(站)共收集问题建议4038件，解决3275件。对于不能在镇(街)解决的问题，形成代表议案、建议，通过市、区人大常委会领导领衔督办、专委会督办，3年来共督办市人大代表议案7件、代表建议979件。

(参考钟自炜：《在一线 听民声 厦门建立人大代表联系群众活动室，覆盖所有镇村》，《人民日报》2020年5月21日)

了解你所居住社区附近人大代表联系群众活动室具体地址以及代表履职日常。根据实际情况，观察或体验群众活动室一日工作，针对一日躬行，写一篇300字感悟。

二、且行且思，感悟制度优势

针对当下社会热点问题，模拟人大代表撰写一条提案(包含案由、案据、解决问题的建议)。

关于________的提案

	姓名	工作单位	姓名	工作单位
提议人				

案由：

案据：

解决问题的具体方案：

第六章　我国的基本政治制度

社会主义制度的确立，完成了中华民族有史以来最为广泛而深刻的社会变革。中国共产党领导的多党合作和政治协商制度、民族区域自治制度、基层群众自治制度是我国的三项基本政治制度。这些制度与我国的根本政治制度相适应，是中国特色社会主义民主政治的重要组成部分，是中国特色社会主义政治制度优越性的重要体现。

指方向　习语金句

要加强对中国特色社会主义国家制度和法律制度的理论研究，总结70年来我国制度建设的成功经验，构筑中国制度建设理论的学术体系、理论体系、话语体系，为坚定制度自信提供理论支撑。要加强制度宣传教育，特别是要加强对青少年的制度教育，引导人们充分认识我们已经走出了建设中国特色社会主义制度的成功之路，只要我们沿着这条道路继续前进，就一定能够实现国家治理体系和治理能力现代化。要结合新中国成立70周年系列庆祝活动，讲好中国制度故事，扩大中国制度的影响力和感召力，增进国际社会对我国制度的认识和认同。

——2019年9月24日习近平在十九届中央政治局第十七次集体学习时的讲话

中国共产党领导的多党合作和政治协商制度作为我国一项基本政治制度，是中国共产党、中国人民和各民主党派、无党派人士的伟大政治创造，是从中国土壤中生长出来的新型政党制度。

——2018 年 3 月习近平在参加民盟致公党无党派人士侨联联组会讨论时讲话

一部中国史，就是一部各民族交融汇聚成多元体中华民族的历史，就是各民族共同缔造、发展、巩固统一的伟大祖国的历史。各民族之所以团结融合，多元之所以聚为一体，源自各民族文化上的兼收并蓄、经济上的相互依存、情感上的相互亲近，源自中华民族追求团结统一的内生动力。正因为如此，中华文明才具有无与伦比的包容性和吸纳力，才可久可大、根深叶茂。

——2019 年 9 月习近平在全国民族团结进步表彰大会上的讲话

把关键　中国故事

关键点一：我国政党制度的地位、基本内容；我国政党制度的优势与特色

1.地位

中国共产党领导的多党合作和政治协商制度，是中国特色的政党制度，是我国的一项基本政治制度。

2.基本内容

(1)通力合作的友党关系：中国共产党是执政党，各民主党派是参政

党。各民主党派参政的基本点是：参加国家政权，参与国家大政方针和国家领导人选的协商，参与国家事务的管理，参与国家方针、政策、法律、法规的制定和执行。中国共产党和民主党派是通力合作、共同致力于社会主义事业的亲密友党。

(2)多党合作的首要前提和根本保证：坚持中国共产党的领导，中国共产党对民主党派的领导是政治领导，即政治原则、政治方向和重大方针政策的领导。

(3)多党合作的基本方针："长期共存、互相监督、肝胆相照、荣辱与共"。

(4)多党合作的根本活动准则：遵守宪法和法律，各民主党派与共产党一样，得到宪法的承认和保护，都享有宪法规定的政治自由，组织独立和法律地位平等。同时，共产党和各民主党派都必须以宪法和有关法律为准绳，进行民主协商，互相监督。

(5)多党合作的重要机构：中国人民政治协商会议，简称人民政协。它也是共产党领导的、具有广泛代表性的爱国统一战线组织，是我国政治生活中发扬社会主义民主的重要形式。人民政协围绕团结和民主两大主题，履行政治协商、民主监督和参政议政的职能。

3.政党制度的优势和特色

中国共产党同各民主党派既亲密合作又互相监督，而不是互相反对。中国共产党依法执政，各民主党派依法参政，而不是轮流执政。中国共产党领导的多党合作和政治协商制度创立了一种新型的政党关系与政党制度形式，在当今世界独具特色。

(1)它是马克思主义政党理论同中国实际相结合的产物，能够真实、广泛、持久代表和实现最广大人民根本利益、全国各族各界根本利益，有效避免了旧式政党制度代表少数人、少数利益集团的弊端。

(2)它把各个政党和无党派人士紧密团结起来，为着共同目标而奋斗，有效避免了一党缺乏监督或者多党轮流坐庄、恶性竞争的弊端。

(3)它通过制度化、程序化、规范化的安排集中各种意见和建议，推动决策科学化民主化，有效避免了旧式政党制度囿于党派利益、阶级利益、区域和集团利益决策施政导致社会撕裂的弊端。

(4)这一制度与人民代表大会制度相适应,有利于发展社会主义民主,有利于推进中国特色社会主义建设,有利于推进祖国和平统一大业。

中国故事

“同心勠力,共前进”——疫情下的守望相助

镜头一:同舟共济、共克时艰

“在抗击疫情的非常时刻,各民主党派、工商联和无党派人士坚定不移同中国共产党想在一起、站在一起、干在一起,坚定不移同中国共产党同舟共济、风雨与共。”2020 年 5 月 8 日,中共中央总书记习近平再次对党外人士参与做好疫情防控工作作出肯定。

2 月 3 日,民革中央主席万鄂湘在北京主持召开了民革中央主席办公会,研究部署疫情防控期间工作,要求主席班子坚定信心、科学防控,同舟共济、凝聚合力,组织和动员民革全党力量助力打赢疫情防控阻击战。

民进中央利用网站、微信公众号等平台,落实中共中央国务院决策部署,主动协同,自觉配合各级党委政府投入疫情防控工作;民盟中央第一时间安排部署了疫情防控工作,并成立了由宣传报道、物资采购、安全保障、医务指导等人员组成的工作机构;各民主党派领导干部和广大成员纷纷行动,还发动有关基金会、企联会等组织广泛捐款捐物,展现了与全国人民一道共克时艰的坚定力量和必胜决心。之后,民建就严控疫情并及时恢复生产,尽快出台定向政策支持中小微企业渡过难关,做好今后一段时期宏观、中观、微观经济工作等问题,提出了相关意见建议,对中央和有关部门决策提供了有益参考。

(参考胡珉瑞:《在战“疫”中见证中国新型政党制度效能》,https://www.mj.org.cn/mtjj/202005/t20200518_226616.htm,访问日期:2021 年 5 月 20 日)

镜头二:中美对比,彰显优越

中国疾病控制和预防中心 2021 年 1 月 7 日公布的最新疫情数据显示,6 日全美报告新增新冠确诊病例近 30 万例,刷新疫情暴发以来最高纪录;新增死亡病例超过 3800 例。

美疾控中心调整后的最新数据显示，截至2021年1月6日，美国近7日平均日增确诊病例超过22.8万例，创疫情以来新高。该中心最新预测显示，至1月30日，美国累计新冠死亡病例可能达到40.5万例至43.8万例。

美国《大西洋月刊》发起的追踪全美疫情项目最新数据显示，截至6日，全美新冠住院患者总数达132476人，再次刷新疫情暴发以来最高纪录。

（参考谭晶晶、高山：《美国日增新冠确诊近30万例 多项疫情指标刷新纪录》，https://www.163.com/dy/article/FVQKV21T05507CHA.html，访问日期：2021年5月20日）

镜头三：《时代》周刊指出，疫情暴露出美国存在的系统性分裂，“民主党和共和党不仅在具体问题上无法达成共识，甚至连什么是基本事实都存在分歧。一半美国人只听亲政府的信息来源，不管真假，另一半则反之”。美国《华盛顿邮报》网站日前刊文表示，公共卫生官员和许多政治领导人曾希望，新冠肺炎疫情会使美国团结起来，“但美国的深度分裂——政治上和文化上的分裂……使美国走上了一条不同的道路”。

世界卫生组织一再呼吁，面对疫情需要“团结，团结，再团结”，不团结将给病毒可乘之机，但美国各界坦承自己的国家因疫情而陷入了更大的分裂。皮尤研究中心6月25日公布的调查结果发现，63%的受访民主党人和倾向于民主党的独立人士表示，应该在公共场合戴口罩，而持这一看法的受访共和党人和倾向于共和党的独立人士的比例仅为29%。美国民调机构盖洛普的研究发现，94%的民主党人总是或经常戴口罩，而只有46%的共和党人愿意这么做。皮尤研究中心的民意调查结果还显示，美国两党关于疫情应对成效的看法也严重分裂。88%的民主党受访者认为美国未能很好地控制疫情，而共和党受访者则仅有30%支持该观点；66%的共和党受访者甚至认为，疫情问题被夸大了。美国外交学会会长理查德·哈斯撰文指出，今天的美国陷入了两极对立的境地。

美国长期存在政治极化和社会撕裂问题，不幸的是当疫情被政治化，疫情应对措施便被政治极化和社会分裂的雪球裹挟，二者相互放大，最终令“是非不清”之状达到不可收拾的程度。

（参考语岸：《美国深度分裂导致疫情失控》，http://www.xinhuanet.com/world/2020-12/28/c_1210949773.htm，访问日期：2021年5月20日）

探究任务1：有人打过一个比方：西方的政党制度就像拳击赛，一定要把对方打倒；而我们的政党制度则好比“大合唱”，大家齐心协力干成一样事业。大合唱要有指挥，这个指挥就是中国共产党。大合唱要有主旋律，这个主旋律就是建设中国特色社会主义。你如何看待上述说法？查找资料，说明我国政党制度的优越性。

探究引路：中国共产党是执政党，各民主党派是参政党，二者之间是通力合作的友党关系。各民主党派不参加执政，通过协商等形式参与合作，并与共产党相互监督，寻求更广泛、更有效的民主。相较于美国的两党轮流执政，我国政党制度的稳定性确保了在疫情当前能够“集中力量办大事”，能够听党指挥、跟党走，发挥出社会主义的最大优势。

探究任务2：疫情当前，我国坚持“协商不代替，监督不对立，同唱一台戏”。我国仅花了几个月的时间就取得了抗击疫情的决定性成果，而美国两党时隔一年还在相互指责。对比国内外抗疫现状，可以看出我国新型政党制度的优越性在哪？

探究引路：(1)多党合作和政治协商制度符合中国国情，能够最大限度地包容和吸纳各种利益诉求，寓共产党集中领导于社会广泛参与之中，保证人民享有更加广泛、更加充实的权利和自由，有效调节国家政治关系，真正实现国家长治久安。同时，这种民主集中的制度为中国集中力量办大事提供了坚实的组织机制保障。中国能高效建立好各省市地区的疫情防控机制并取得良好成效，靠的就是社会主义协商民主能实现科学民主决策和集中力量办大事的制度优势。

(2)中国共产党同各民主党派既亲密合作又互相监督，而不是互相反对。中国共产党依法执政，各民主党派依法参政，而不是轮流执政。中国共产党领导的多党合作和政治协商制度创立了一种新型的政党关系与政党制度形式，在当今世界独具特色。

它是马克思主义政党理论同中国实际相结合的产物，能够真实、广泛、持久代表和实现最广大人民根本利益、全国各族各界根本利益，有效避免了旧式政党制度代表少数人、少数利益集团的弊端。

它把各个政党和无党派人士紧密团结起来，为着共同目标而奋斗，有效避免了一党缺乏监督或者多党轮流坐庄、恶性竞争的弊端。

它通过制度化、程序化、规范化的安排集中各种意见和建议，推动决策科学化民主化，有效避免了旧式政党制度囿于党派利益、阶级利益、区域和集团利益决策施政导致社会撕裂的弊端。这一制度与人民代表大会制度相适应，有利于发展社会主义民主，有利于推进中国特色社会主义建设，有利于推进祖国和平统一大业。

关键点二：民族制度之“自”，民族区域自治制度的“自治权”是如何行使的？

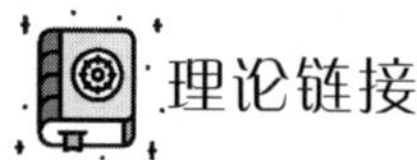

理论链接

民族区域自治是在中国共产党和中央人民政府统一领导之下的自治。民族自治地方的自治机关行使宪法规定的地方国家机关的职权，同时依照宪法和民族区域自治法以及其他法律规定的权限行使自治权。根据本地方的实际情况贯彻执行国家的法律、政策。在不违背宪法和法律的原则下，有权采取特殊政策和灵活措施，加速民族自治地方经济、文化建设事业的发展，建设具有民族特点的社会主义精神文明。

我国《宪法》明确规定：“民族自治地方的自治机关是自治区、自治州、自治县的人民代表大会和人民政府。”自治机关依法享有的自治权，主要包括：(1)立法权。民族自治地方的人民代表大会有权按照当地民族的政治、经济和文化的特点，制定自治条例和单行条例。(2)变通执行权。上级国家机关的决议、决定、命令和指示，如有不适合民族自治地方实际情况的，自治机关可以报经该上级国家机关批准，变通执行或者停止执行。(3)经济建设自主权。自治机关在国家计划的指导下，根据本地方的特点和需要，制定经济建设的方针、政策和计划，自主地安排和管理地方性的经济建设事业。(4)财政自治权。凡是依照国家财政体制属于民族自治地方的财政收入，都由民族自治地方的自治机关自主地安排使用。(5)自主管理和发展民族教育、文化、科学、医药卫生、体育事业。如民族自治地方的自治机关根据国家的教育方针，依照法律规定，决定本地方的教育规划，培养各少数民族专业人才。

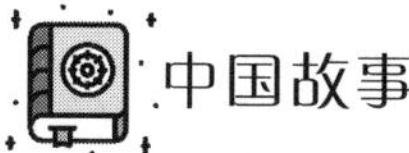

中国故事

民族制度之“自”——从细微处看民族自治权

和田的热依汗大姐在工商局工作，她的女儿、女婿都在政府部门上班。她说：“我们这儿的干部、教师大部分都是维吾尔族人，他们好多都当了领导。”

和田地区96.4%的人口是维吾尔族，1950年，和田地区少数民族干部仅有1828人，目前已达34209人，占全地区干部总数的77.94%。20世纪50年代，和田地区科技人员和知识分子几乎是空白，目前少数民族各类专业技术人员达23284人，占全地区专业技术人员的88.39%。

和田地区洛甫县人民法院院长亚森·托乎提1985年考上大学后，先在西北民族大学上了两年汉语预科，然后在西北政法大学学了4年法律本科，学费都是国家负担的。参加工作后来到法院工作，2002年被选当上了院长。他说：1984年国家颁布民族区域自治法，我就是这部法律和党的民族政策的实际受益者。

亚森认为，民族区域自治的一个重要体现就是充分保障各族人民享有平等的政治权利。其中首先是要保障各民族使用本民族语言文字的权利。洛甫县人民法院在诉讼中就是使用维吾尔族语言开庭，用维吾尔族文字出具法律文书，对维吾尔族与其他民族当事人的诉讼，要给当事人提供翻译。至于在教育、文化、广播电视和日常生活各方面，更是广泛使用本民族语言文字。

(参考吴亚东：《“现在的民族政策是最好的”立法自治权成为新疆行使自治权的重要内容》，http://news.sohu.com/20090601/n264258791.shtml，访问日期：2021年5月20日)

探究任务 1：民族区域自治制度的自治权是如何行使的？和香港、澳门特别行政区的自治有何不同？

探究引路：民族区域自治地方，设立自治机关，行使自治权，即根据本地方、本民族政治、经济、社会、文化等方面特点，管理本民族内部地方性事务。

香港、澳门的高度自治是在中央政府管理之下，实行不同于一般行政区的政治、经济和法律制度，具有特殊法律地位，拥有高度自治权。"一国两制"是"一个国家，两种制度"的简称。它指在中华人民共和国这个统一的社会主义国家里，在相当长的时期内，祖国大陆实行社会主义制度，允许台湾、香港、澳门这三个地区实行资本主义制度。比如，可以享有行政管理权、立法权、独立的司法权和终审权；实行独立税收制度，保持自由港、独立关税地区、国际金融中心地位；自行制定有关经贸、科教文等方面的政策，自行发行货币；自行处理有关的对外事务，以"中国香港、中国澳门"的名义保持和发展经济文化关系，等等。

民族区域自治制度中的自治地方人民法院要受最高人民法院和上级人民法院的监督；自治地方的人民检察院受最高人民检察院和上级人民检察院的领导，没有独立司法权和终审权。也不实行独立税收制度，不自行发行货币。

因此，香港、澳门的自治权比民族区域自治地方的自治权更广泛，自治程度更高。

不管是各民族自治地方，还是实行"一国两制"的香港、澳门，都是中华人民共和国不可分离的组成部分。

探究任务 2：民族自治地方自治权的行使有何作用？

探究引路：民族区域自治地方行使自治权，在制度设计上把各民族的具体利益和国家整体利益结合在了一起。有利于祖国的统一；有利于保障少数民族的平等权利和当家作主、管理本民族内部事务的权利，促进少数民族的进步和发展；有利于各民族的团结、共同繁荣和发展；有利于现代化建设和国家的发展。

关键点三：民族制度之“共”，我国是如何坚持民族共同繁荣的方针？

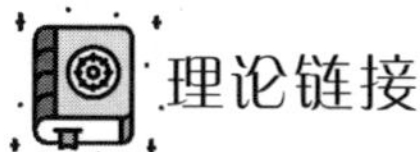

我国坚持民族平等、民族团结和各民族共同繁荣的方针，促进各民族和睦相处、共同发展。发展是解决民族地区各种问题的总钥匙。实行民族区域自治制度，出发点和落脚点就是通过推动少数民族地区发展，实现各民族共同发展。

长期以来，党和国家十分注重采取切实措施，帮助少数民族和民族地区加快发展。如对口支援、加大对欠发达地区的扶贫支持力度，沿边开放，实施兴边富民行动，推动西部大开发战略，通过输入技术、管理、人才等方式增强民族地区自我发展能力。

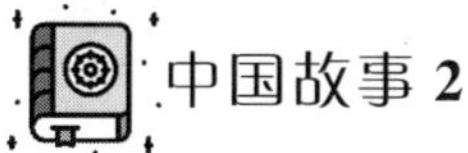

民族制度之“共”——各民族共同繁荣

镜头一：福建省对口支援新疆，围绕社会稳定和长治久安总目标，把改善民生放在首位，突出“就业、教育、人才”工作，加大人才援疆力度，坚持“输血”性支援与“造血”性支援相结合。

“输血”性支援围绕社会稳定总目标，重点改善民生。坚持援疆资金80%以上用于急需民生项目。重点建好兴牧定居工程、富民安居工程、医疗卫生和教育文化等基层民生项目。这些项目使牧民告别了逐水草而居的游牧生活，住进了几代人都不敢想象的坚固敞亮又有暖气的定居房中，改善了牧民、农民的居住环境，并通过促进就业，农牧民人均纯收入大幅度提高。

“造血”性支援特色是加大人才援疆、教育援疆、产业援疆、科技援疆、人才培训学习交流力度，实施“三个双一百人才支援培养”“人才培训学习交流”“结对帮扶认亲”“组团式教育援疆”等四个特色工程。

如在人才援疆方面，福建省委、省政府实施了“三个双一百人才支援培养”特色工程。福建每年选派百名教师、百名医生、百名农业技术人员到昌吉州开展支教支医支农工作，每年接受昌吉州各百名的教师、医生、农技人员到福建挂职培训。

（参考冉波：《福建援疆全力助推昌吉州经济社会转型升级》，https://www.sohu.com/a/122527355_114731，访问日期：2021 年 5 月 20 日）

镜头二：福建省厦门第一中学始终积极贯彻落实党中央、国务院关于西部大开发的战略决策，充分发挥名校优质资源辐射、以实际行动支援新疆等西部教育事业。赴新疆昌吉州吉木萨尔县支教的杨志鹏老师、赵传海老师和高剑华老师就是其中的优秀代表。吉木萨尔县一中开办“厦门援疆班”，赵传海老师和高剑华老师分别于 2015 年、2017 年任该班班主任和语文老师。厦门援疆班的开设带动了学校教学的比学赶超，教育质量大幅度提升，成为该校的品牌。福建省厦门第一中学还和新疆吉木萨尔县第一中学建立合作校关系，进行友好帮扶，推动民族文化和教育思想的传播，搭建长期交流合作的友谊桥梁。

新疆支教的高剑华老师(图中)参加厦门市教育局赴疆慰问援疆教师座谈会

福建省厦门第一中学与吉木萨尔县第一中学共建签约仪式

镜头三：在产业援疆方面，不断创新优化产业援疆模式，为昌吉州经济高质量发展持续添加新动能。福建省对口支援新疆工作前方指挥部将招商引资作为产业援疆的重中之重，围绕昌吉州煤电煤化工、装备制造、农副产品加工、纺织服装、石材加工等重点优势产业开展招商，注重为昌吉州引进高科技、环保、高效的项目。

棉花产业是昌吉州着力做优做强的主导产业之一，为此，福建省对口支援新疆工作前方指挥部利用福建的纺织服装产业优势，不断为昌吉州引入先进的棉纺、针织、成衣制造等企业，助力昌吉州棉花科研、生产、加工、流通、纺织、贸易的全产业链发展，将昌吉州优质棉花产地优势转换为经济优势。

为帮助奇台县开发利用优质的花岗岩石材资源，福建援疆投资建设了闽奇石材产业园，引进大批福建石材加工企业，带动奇台县石材产业从低端开发加工逐步转型升级为集石材开采、加工、贸易、储运、石艺术品展览为一体的中高端产业链。

镜头四：为了吸引更多游客游昌吉，福建省对口支援新疆工作前方指挥部促成昌吉州旅游局与福建省旅发委签订了旅游对口援疆框架协议，互送客源，连续 4 年组织了“丝路旅游 · 福建援疆专列”等多项活动，越来越多的福建游客感受到大美新疆的独特魅力后，以各种方式积极宣传推介新疆、推介昌吉。

（参考盖有军、郑丽媛：《福建产业援疆 昌吉州高质量发展的新动能》，https://www.sohu.com/a/258161798_118570，访问日期：2021 年 5 月 20 日）

探究任务 1：你还知道哪些援疆故事或援助其他民族自治地方的故事？这些事例对于当地的建设带来什么作用？

探究引路：2021 年电视剧《山海情》热映，该剧讲述了闽宁协作、脱贫致富的故事。1996 年福建省被指定帮扶宁夏回族自治区，承担起了对口帮扶宁夏的任务。两省区每年举行一次联席会议，协商解决有关问题；建立扶贫协作发展基金；从福建沿海选出经济实力较强的县（市、区），对口帮扶宁夏贫困县（区）；委派挂职干部、部门对口协作等。

如 1997 年“菌草之父”林占熺教授，带着 6 箱菌草到宁夏，和贫困群众同吃同住，手把手推广菌草种植技术。多年来，“闽宁对口扶贫协作援宁群体”遵循优势互补、互惠互利、长期协作、共同发展的方针，与宁夏人民一起用智慧和汗水创造了“闽宁模式”，缚住贫困苍龙。

闽宁对口扶贫协作，促进宁夏贫困地区的经济社会取得了长足发展和进步，推进了区域协调发展和城乡基本公共服务均等化，广大贫困群众得到了闽宁扶贫协作带来的实惠，切实感受到了党和政府的温暖，促进和巩固了民族团结、社会和谐的大好局面。

探究任务 2：你如何理解我国坚持民族平等、民族团结和各民族共同繁荣的方针？

探究引路：民族平等是民族团结的政治前提和基础，是马列主义解决民族问题的基本原则，也是新中国所实行的最根本的民族政策。正确处理民族关系的三项原则是互相联系，不可分割的。具体表现：民族平等是实现民族团结的政治基础，没有民族平等就没有民族团结。民族平等和民族团结是实现各民族共同繁荣的前提条件，没有民族平等和团结，就不会实现共同繁荣。各民族的共同繁荣特别是经济的发展，又是民族平等、团结的物质保证，没有各民族的共同繁荣，最终会影响民族团结的巩固和民族平等的全面实现。

关键点四：基层群众如何实现自治？

理论链接

民主选举。作为基层群众自治组织，农村的村民委员会和城市的居民委员会，按法律规定均由本居住地的村民或居民选举产生。

民主协商。城乡基层的公共事务千头万绪，应该也必须由众人商量着办，只有本着有序参与的原则，让居民或村民合理表达意见和建议，求同存异，才能找出解决问题的好方案，促成基层社会的和谐。

民主决策。城乡基层的公共决策与每家每户的利益直接相关。按民主决策要求，在农村，凡关系村民公共利益的事项都要由村民以直接或间接参与的方式集体作出决定。在城市，社区公共事务的民主决策通过召开居民会议进行。

民主管理。在法律上，基层公共事务的管理属于本村的全体村民或本区的全体居民；在运作中，一般要通过一定的程序，授权给基层群众自治组织来进行。

民主监督。负责城乡基层公共事务管理的村委会和居委会，事实上都掌握一定的权力，要防止以权谋私，尽可能避免管理工作的失误，必须实现民主监督。凡是与基层群众利益密切相关和需要让基层群众知晓的事务都应公开，让每个居民或村民了解，还应对基层自治组织的实际管理工作进行评议。

中国故事

基层民主的广泛实践

2021 年 3 月 2 日，四川成都市锦江区圆满完成了 76 个社区居民委员会换届选举工作，共选举产生新一届社区居委会主任 76 人，副主任 76 人，委员 312 人。选举日当日，全区共设置 76 个主会场，366 个分会场，全部按照投票点要求设置。据了解，自社区居委会换届选举工作正式启动以来，锦江区坚持高标准高要求，提前谋划、精心组织、依法推进，做到法定程序不变通、规定步骤不减少，确保选举合法、合规、有效。

“社区工作一头连着党委政府，一头连着社区百姓。只有管理好自家的人，办理好自家的事，解决好群众诉求，社会才能稳定和谐。”灵西社区居委主任刘娟在这一目标的引导下，灵西社区建立了民生议事工作制度，定期召开会议，让居民出点子、拿主意，一起研究讨论有关社区建设、社区事务和社区服务的问题。正是社区这种自我管理、自我服务、自我发展的理念，让普通居民有了强烈的责任感。

在温岭市松门镇乃崦村，村两委经常通过民主恳谈会的形式，广泛听取村民意见。在今年村庄整治民主恳谈会上，村干部把河道整治、道路硬化拓宽、村庄绿化、亮化工程等一一作了说明，经过在场村民同意后，才付诸实施；盛产毛竹的天台石梁镇迹溪村两委提出要建毛竹市场，在提交村民会议讨论时遭到反对，一些村民认为目前外界通往本村的路未修通，办市场不可行。村两委听取村民意见后，调整了思路，作出了“先造路后办市场”的方案，并在村民会议上通过。

海垦街道垦中社区居委会实行“网格”管理制度，垦中社区被分为一个个小小的网格，每一个网格都有居委会的网格员进行对接管理。网格中的居民的各种基本的事务都可以在居委会得到办理。

近年来，靖州纪委监委按照“一村一群、户不漏人”的工作要求，在全县124个行政村（社区）建立“村务监督服务微信群”，重点对党务、政务、事务、财务、服务5个方面事项30项具体内容及时进行公示，对涉及村民利益和村民普遍关心的事项进行监督。各乡镇纪委与村组干部、党员、群众代表入群，村民每户至少1人入群。“这个微信群建得好，村里大事小事公开透明。”村民们如此评价道。

探究任务：结合以上中国故事，分析基层群众如何通过村委会、居委会直接行使民主权利，实现自治？

探究引路：在民主选举方面：村民委员会的选举，由村民选举委员会主持。村民选举委员会由主任和委员组成，由村民会议、村民代表会议或者各村民小组会议推选产生；居民委员会主任、副主任和委员，由本居住地区全体有选举权的居民或者由每户派代表选举产生；根据居民意见，也可以由每个居民小组选举代表二至三人选举产生。如材料所示，四川成都市锦江区居民直接投票选举居委会主任、副主任和委员，行使民主权利，密切干群关系，形成合力。

在民主协商方面：城乡基层的公共事务十分繁杂，因此必须众人的事情众人商量。本着有序参与的原则，灵西社区建立了民生议事工作制度，定期召开会议，让居民出点子、拿主意，一起研究讨论有关社区建设、社区事务和社区服务的问题，如此一来，灵西社区居民合理表达意见和建议，求同存异，才能找出解决问题的好方案，促进基层社会的和谐。

在民主决策方面：城乡基层的公共决策与每家每户的利益直接相关。按民主决策要求，在温岭市松门镇乃崦村，河道整治、道路硬化拓宽、村庄绿化、亮化工程等关系村民公共利益的事项都是通过村民会议民主决策进行，由村民以直接或间接参与的方式集体做出决定。

在民主管理方面：在法律上，基层公共事务的管理属于本村的全体村民或本区的全体居民；在显示运作上，要通过一般的程序，授权给基层群众性自治组织来进行。从基层民主管理的具体方法上说，海垦街道垦中社区居委会依法实行“网格”管理制度，垦中社区被分为一个个小小的网格，每一个网格都有居委会的网格员进行对接管理，网格中居民的各种基本事务都可以在居委会得到办理，以此推动日常管理工作的制度化、规范化和程序化，是做好基层民主管理工作的关键。

在民主监督方面：对于与基层群众利益密切相关的事项，基层群众性自治组织要实行村务公开制度将进行事项公开，接受村民的监督，并接受群众对其管理工作进行评议。靖州纪委监委按照“一村一群、户不漏人”的工作要求，在全县 124 个行政村（社区）建立“村务监督服务微信群”，重点对党务、政务、事务、财务、服务 5 个方面事项 30 项具体内容及时进行公示，对涉及村民利益和村民普遍关心的事项进行监督。

长见识　拓展阅读

拓展阅读 1

政党制度的主要类型

当代国家的政治制度是通过政党活动来进行的，从形式上看，当代政党制度主要有以下几种类型：第一，一党制，指一个国家只有一个合法政党的政党制度。一党制的核心是只有一个合法政党。第二，两党制，指两个主要政党通过竞选取得议会多数席位或赢得总统选举胜利而轮流执政的一种政党制度。在竞选中获胜的政党成为执政党，失利的政党成为反对党或在野党。两党制并不意味着社会政治生活中只有两个政党，而是指在众多政党中，有两党居于垄断地位。第三，多党制，指一个国家中两个以上的政党单独或联合执政，或几个政党联盟执政的政党制度。如西欧、北欧的多数国家和第三世界摆脱殖民统治的一些民族独立国家。第四，一党领导的多党合作制度，指一个国家由一个处于领导地位的政党作为执政党，其他合法存在的政党作为参政党参与国家政权的新型政党制度。中国共产党领导的多党合作和政治协商制度就是这种政党制度。

一个国家实行什么样的政党制度，从根本上说取决于这个国家的性质和根本制度，同时也受到特定的社会历史条件、政治经济状况和民族文化传统的影响。

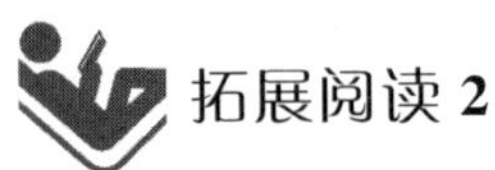

政协协商

协商民主是我国社会主义民主政治的特有形式和独特优势，主要包括政党协商、人大协商、政府协商、政协协商、人民团体协商、基层协商以及社会组织协商等各个方面的统筹推进。

其中，关于政协协商，人民政协是我国社会主义协商民主的重要渠道和专门协商机构，协商主体是党委、政府及有关方面和各民主党派、团体、各族各界人士，协商的实现途径是将协商民主贯穿履行政治协商、民主监督、参政议政职能全过程，协商的主要内容是改革、发展、稳定重大问题和涉及群众切身利益的实际问题、政协内部的重要事务以及有关爱国统一战线的其他重要问题等。

人大议案与政协提案的区别

每年全国两会期间，人大代表、政协委员分别有“议案”和“提案”提交，人大代表议案与政协委员提案的主要不同之处在于：人民代表大会是权力机关，人大代表的议案一经通过，就具有法律效力；而人民政协是统一战线组织，政协委员提案是民主监督的一种形式，没有法律的约束力。另外，人大代表议案，一般只在大会期间提出，而政协委员提案，既可在全体会议期间提出，也可在休会期间提出。

（参考王乙雯：《人大议案与政协提案有什么区别？》，https://baijiahao.baidu.com/s?id=1627853788274101847，访问日期：2021年5月20日）

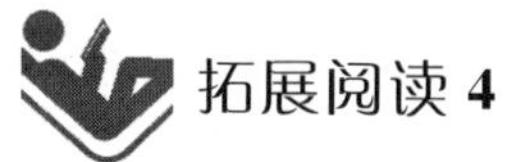

拓展阅读 4

拓展基层民主协商形式

坚持村（居）民会议、村（居）民代表会议制度，规范议事规程。结合参与主体情况和具体协商事项，可以采取村（居）民议事会、村（居）民理事会、小区协商、业主协商、村（居）民决策听证、民主评议等形式，以民情恳谈日、社区（驻村）警务室开放日、村（居）民论坛、妇女之家等为平台，开展灵活多样的协商活动。推进城乡社区信息化建设，开辟社情民意网络征集渠道，为城乡居民搭建网络协商平台。

（参考中共中央办公厅、国务院办公厅：《关于加强城乡社区协商的意见》，http://www.gov.cn/zhengce/2015-07/22/content_2900883.htm，访问日期：2021年5月20日）

提素养　导思导行

一、暖心留厦，民主党派在行动

2021年1月4日，厦门市发出邀请：今年春节我们一起留厦过年。厦门市人社局发出了《关于加强“元旦”“春节”两节期间职工合法权益保障工作的通知》和两封倡议书，鼓励弹性休假，倡导非必要不离厦，就地过节。

1月5日下午，厦门市委统战部召开全市统战系统疫情防控工作会议，传达学习全市疫情防控工作视频会精神，研究部署统一战线疫情防控工作。会议提出，要及时收集反映社情民意，充分发挥统一战线人才荟萃、智力密集的独特优势，动员引导各民主党派、无党派和工商联人士围绕冬春季疫情防控和经济社会发展积极建言献策，为市委市政府决策提供有益参考。

倘若你是民主党派的一员，请你开展调研走访，收集积极响应号召留厦过年积极分子的需求，并形成一份500字左右的调研报告。

二、疫情大考，中国答卷

弗霍查说：灾难是人类的试金石。

纵观历史，无论是面对1998年特大洪水，2008年汶川地震灾难，还是2003年"非典"疫情，如今的新冠肺炎疫情，面对重大灾难，我们能做到全国动员、全员参与、全国一盘棋，一方有难，八方支援。2020年除夕夜，各省（自治区、直辖市）纷纷启动"公共卫生事件一级响应"，一场前所未有的疫情阻击战打响了：所有相关部门机关干部取消休假，回到岗位；一夜之间，全国各地联合检疫站到位。公安、医务、交通，每天近210万人，在所有的路口、渡口对来往人员车辆进行登记；所有的社区居委会开始运转，农村基层组织开始工作，挨家挨户宣传、排查，不落一户、不落一人。所有人的目光聚焦武汉，所有力量聚焦湖北。从城市社区到广大农村，联防联控，横向到边，一呼百应，举全国之力形成了强大合力，依靠强大制度和治理优势，又一次让世界看到了中国速度、中国规模、中国效率、中国成绩！

这场突如其来的疫情，是对我国治理体系和治理能力的一次大考。在中国共产党的带领下，我国疫情得到有效遏制，与此同时，其他国家疫情却不断蔓延，网友们打趣道"作业已经写好了却不会抄"。

从全球战"疫"大考中，你读到了哪些制度自信？假如你是班级官方微信公众号的撰稿人，请在阅读材料后，结合你身边的抗疫事例，写一篇800字左右的文章。

第七章　治国理政的基本方式

我国《宪法》规定:“中华人民共和国实行依法治国,建设社会主义法治国家。”依法治国是我国治国理政的基本方式。通过实行法治,保障人权,维护社会和谐,实现长治久安,推进国家治理现代化。

指方向　习语金句

法治是人类政治文明的重要成果,是现代社会治理的基本手段。

——2017 年 9 月 26 日习近平主席在国际刑警组织第 86 届全体大会开幕式上的主旨演讲

推进全面依法治国是国家治理的一场深刻变革,必须以科学理论为指导,加强理论思维,从理论上回答为什么要全面依法治国、怎样全面依法治国这个重大时代课题,不断从理论和实践的结合上取得新成果,总结好、运用好党关于新时代加强法治建设的思想理论成果,更好指导全面依法治国各项工作。

——2020 年 11 月 16 日习近平在中央全面依法治国工作会议上的讲话

我们要坚持的中国特色社会主义法治道路，本质上是中国特色社会主义道路在法治领域的具体体现；我们要发展的中国特色社会主义法治理论，本质上是中国特色社会主义理论体系在法治问题上的理论成果；我们要建设的中国特色社会主义法治体系，本质上是中国特色社会主义制度的法律表现形式。我们既要立足当前，运用法治思维和法治方式解决经济社会发展面临的深层次问题；又要着眼长远，筑法治之基、行法治之力、积法治之势，促进各方面制度更加成熟更加定型，为党和国家事业发展提供长期性的制度保障。

——2020 **年** 11 **月** 16—17 **日习近平在中央全面依法治国工作会议上的讲话**

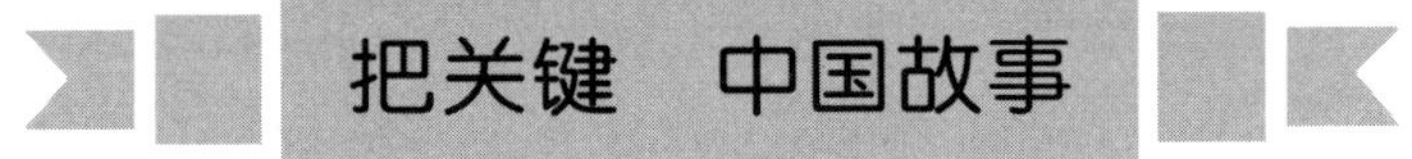

把关键　中国故事

关键点一：如何理解法的阶级本质？

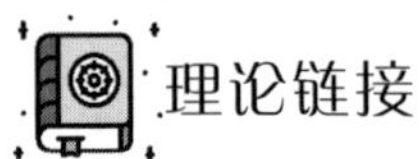

理论链接

1.法的起源：马克思主义认为，法是人类社会发展到一定历史阶段，随着私有制、阶级和国家的出现而逐步产生的。

2.法的本质：在阶级社会中，法反映的是该社会中在经济上、政治上基于统治地位的阶级的根本利益和共同意志。

3.法的本质的决定性因素：马克思主义认为，法所反映的统治阶级意志的内容最终是由社会物质生活条件决定的。

4.一国的法治总是由该国的国情和社会制度决定并与其相适应的。

中国故事 1

我国法律从古代到近代的发展历程(选取4个时期)

战国时期,郑国的正卿子产主持制定了刑书,他把刑书铸在鼎上,这是中国历史上第一次公布成文法。公元前356年至前350年,秦国商鞅推行大规模变法,他主张:"昔之能制天下者,必先制其民者也,能胜强敌者,必先胜其民者也。故胜民之本在制民,若冶于金、陶于土也。本不坚,则民如飞鸟禽兽,其孰能制之?民本,法也。故善治者塞民以法,而名地作矣。"

唐代,唐高宗令人修撰了《唐律疏议》,这是唐朝刑律及其疏注的合编,也是中国现存最古老、最完整的封建刑事法典,标志着中国古代立法达到了最高水平,成为中华法系的代表性法典,对后世及周边国家产生了极为深远的影响。

西汉时期,法律思想以儒家思想为主,吸收法家的君主集权思想和重法思想,同时又结合阴阳五行以及殷周的天命神权等各种有利于维护封建统治的思想因素,创立了一种新儒学。以董仲舒为代表提出"三纲五常"论,倡导"《春秋》决狱",建议汉武帝"罢黜百家,独尊儒术"。由"三纲"说到"《春秋》决狱"再到"罢黜百家,独尊儒术",其内在的理论体现了董仲舒礼法结合、以礼制法的思想。

中国的封建制度存留长达3000余年,法自君出,权尊于法,法律作为一种统治工具,拘束臣民而不拘束君主,以家族为本位而维护封建等级制。1840年鸦片战争后,中国逐渐成为半殖民地半封建社会,为了改变国家和民族苦难的命运,一些仁人志士试图将近代西方国家的法治模式移植到中国,以实现变法图强的梦想。如戊戌变法期间,康有为提出了包含限制君权意义的法律概念,即宪法;辛亥革命胜利后,宋教仁起草制定了中国第一部资产阶级性质的宪法《中华民国临时约法》等等。

中国故事 2

奉法者强——党的十八大以来的法律成就

党的十八大以来至十九大召开的这五年，是全面依法治国举措最有力最集中的五年，成就最丰硕最显著的五年，经验最丰富最系统的五年，开辟了全面依法治国的理论和实践新境界。

完善以宪法为统帅的中国特色社会主义法律体系，健全宪法实施和监督制度，设立国家宪法日，建立宪法宣誓制度，弘扬宪法精神，维护宪法权威，为中国特色社会主义提供根本法律和制度保证。

修改人口与计划生育法，正式实施全面两孩政策；依法解决无户口人员户口登记问题，切实保障公民权利；按照法定程序对土地制度改革、司法责任制改革试点等作出授权决定……改革在法治下破题、在法治下推进，夯基垒台、积厚成势，生发出源源动力。

编纂民法典，制定电子商务法，修改促进科技成果转化法……不断建立健全符合发展规律要求的法律制度，为经济社会持续健康发展提供法治支撑和保障。

制定国家安全法、反间谍法、反恐怖主义法、境外非政府组织境内活动管理法、网络安全法、国家情报法；依法惩治颠覆国家政权犯罪，用法律手段清朗网络空间……法治，成为维护国家安全、社会安全的强大屏障。

探究任务：通过上述两个故事，简要说说我们该如何理解法的本质及其决定性因素。

探究引路：(1)法是上升为国家意志的统治阶级共同意志的体现。所谓意志，指为达到某种目的而产生的自觉的心理状态和心理过程。法是人们有意识活动的产物，因此，法是意志的体现。法不是“个人意志”的反映，也不是“社会所有成员意志”的反映，而是“统治阶级意志”的反映。在阶级社会中，在不同阶级之间存在着根本利益冲突的情况下，法所反映的只能是该社会中在经济上、政治上居于统治地位并掌握了国家权力的阶级的意志，法还通过权利义务的具体分配使统治阶级处于优势地位。法体现的是统治阶级的整体意志，而不是统治阶级中个别人或一部分人的意志。法是“被奉为法律”的统治阶级的共同意志，即国家意志。(2)法所反映的统治阶级意志的内容是由社会物质生活条件决定的。物质是第一性的，意识是第二性的，物质决定意识。法所反映的统治阶级的国家意志，既不是统治阶级头脑中所固有的，也不是凭空产生的，只能产生于特定的社会物质生活条件。社会物质生活条件指与人类生存相关的地理环境、人口和物质资料的生产方式。生产方式即生产力与生产关系的对立统一，是社会发展的决定性因素，也是法产生、存在和发展的决定性因素。(3)除了社会物质生活条件，政治、哲学、道德、文化、历史传统、民族、宗教等因素对法的形成和发展也有着重要的影响。

关键点二：全面依法治国是国家治理的一场深刻革命

中国故事 1

我国依法治国进程

中国共产党对治国理政方式的探索经过了艰辛的历程，这一探索历程既有鲜明的中国特色，又反映了人类文明共同的价值追求。

表 7-1 法治建设在路上

时间	会议	内容
1978 年	十一届三中全会	提出“有法可依、有法必依、执法必严、违法必究”
1997 年	十五大	确立“依法治国”的基本方略
2014 年	十八届四中全会	提出全面推进依法治国

续表

时间	会议	内容
2017 年	十九大	强调“全面依法治国是中国特色社会主义的本质要求和重要保障”，提出“深化依法治国实践”
2020 年	中央全面依法治国工作会议	将习近平法治思想明确为全面依法治国的指导思想

中国故事 2

曹旭：用脚步丈量法治建设进程

2014 年以来，曹旭与妻子陈贤一道，参加“1＋1”全国法律援助志愿服务行动，成为全国唯一一对法律援助志愿者夫妻，他们的足迹遍布全国各地。在物资匮乏、环境恶劣的条件下，法律援助志愿者们克服生活、语言等困难，付出辛勤的汗水，让无助的困难群众感受法治的温暖，把法治的种子播撒于更多人心中。

阜康市民陈瑛的儿子多年前遭遇车祸丧失劳动能力，因没钱请律师被迫撤诉。曹旭受理了案件，迅速收集证据再次起诉，促成法院开庭审理。从甘肃来新疆打工的农民工何某，因工地防护措施不到位受伤后，包工头拒绝赔偿。寒冬里，绝望的何某拄着双拐找到了曹旭，他立刻办理了委托代理手续，最终庭审判决何某获得 13 万元赔偿……一件又一件案件，曹旭通过努力，让许多百姓真切感受到了法律的温暖。

人民群众是法治建设的社会基础，只有不断潜移默化促使法治观念深入人心，才能树立遵纪守法的观念，养成依法办事的习惯，推动法治社会建设的顺利进行。在内蒙古的一年里，曹旭办理民事、刑事、劳动仲裁案件 31 件，代写法律文书 46 份，接受咨询 141 次，为受援人挽回经济损失 60 余万元。曹旭用为法治建设贡献着一己之力，也用他的方式在引导着边疆群众发自内心地认可、崇尚、遵守和服从法律，不断增强着他们对法律的认同感和归属感。

如今，曹旭已经把法律援助志愿服务当成了一项事业来做，引领着群众们信仰法律的力量，共同做法治中国建设的建设者。法治的道路上，我们期待着更多的“曹旭”。

（参考张开兴：《曹旭：用脚步丈量法治建设进程》，http://www.wenming.cn/wmpl_pd/haoren365/201709/t20170907_4415859.shtml，访问日期：2021 年 5 月 20 日）

探究任务：运用《政治与法治》我国法治建设的进程及其成就等相关知识，说明你如何理解“全面依法治国是国家治理的一场深刻革命”。

探究引路：本问题理论性较强，可以从“全面”“国家治理”“革命”等关键词入手，思考全面依法治国对我国国家治理体系、治理能力现代化的积极影响。

全面推进依法治国是国家治理领域一场广泛而深刻的革命，需要付出长期艰苦努力。这里所说的国家治理，指党领导人民依法通过各种途径和形式管理国家事务，管理经济文化事业，管理社会事务。全面推进依法治国，就是把法治作为党治国理政的基本方式，采取有力措施建设中国特色社会主义法治体系、建设社会主义法治国家。这将使国家治理领域的各个方面、各个层次发生重大变革。对此，可从以下几个方面来把握。

（1）全面推进依法治国，意味着我国将进一步摆脱传统人治社会的影响，大踏步走向现代法治社会，推进国家治理体系和治理能力现代化。

（2）全面推进依法治国，意味着从中央到地方，从地区到行业、基层都要厉行法治，使国家治理方式发生整体性变革。

（3）全面推进依法治国，意味着法治体系、法治国家将成为我国政治法律制度建设的战略目标，为改善国家治理开辟广阔空间。

（4）全面推进依法治国，意味着法治国家建设的长期性、复杂性，要准备在国家治理领域打攻坚战、持久战。

关键点三：全面依法治国的原则

理论链接

1.坚持中国共产党的领导。党的领导是中国特色社会主义最本质的特征，是社会主义法治最根本的保证。

2.坚持人民主体地位。人民是依法治国的主体和力量源泉，人民代表大会制度是保证人民当家作主的根本政治制度。

3.坚持法律面前人人平等。平等是社会主义法律的基本属性。

4.坚持依法治国和以德治国相结合。国家和社会治理需要法律和道德共同发挥作用。

5.坚持从中国实际出发。中国特色社会主义道路、理论、制度和文化是全面推进依法治国的根本遵循。

中国故事 1

镜头一：切勿纠结“党大还是法大”的伪命题

党的十八届四中全会决定勾勒了法治中国的美好蓝图，明确了建设社会主义法治国家的主要任务，全社会欢欣鼓舞、充满期待。但是，也有一些人或出于事实上的无知，或出于主观上的故意，抛出了“党大还是法大”的伪命题。

事实上，关于党的领导和依法治国的关系，习近平总书记在全会决定的说明里已经说得很明白了，他指出：“党的领导和社会主义法治是一致的，社会主义法治必须坚持党的领导，党的领导必须依靠社会主义法治。”从逻辑上讲，党的本质是政治组织，而法的本质是行为规则，两者不存在谁比谁大的问题。“党大还是法大”是搞非此即彼，相互否定，是彻彻底底的伪命题，是政治陷阱。

（参考胡俊:《切勿纠结“党大还是法大”的伪命题》,http://cpc.people.com.cn/pinglun/n/2014/1030/c241220-25940584.html,访问日期:2021 年 5 月 3 日）

镜头二:加强生态司法保护、制度管人管事管权

党的十八届三中全会指出,要推动形成人与自然和谐发展的新格局。为了蓝天、碧水、净土,习近平总书记多次对一些地方出现的破坏生态环境事件作出批示,要求不彻底解决绝不松手。

陕西延安削山造城、千岛湖饮水保护区违规填湖、青海木里煤田超采破坏植被、新疆卡拉麦里保护区“缩水”给煤矿让路、湖南洞庭湖私人围堰……

我们看最近几年来,总书记亲自就一些地方生态环境遭到破坏多次批示了。他强调要用最严格的制度、最严格的法律,来抓生态文明的保护。所以,在这个问题上,他态度一贯坚决,而且亲力亲为。

2018 年 7 月,习近平总书记对秦岭违建别墅再作批示:“首先从政治纪律查起,彻底查处整而未治、阳奉阴违、禁而不绝的问题。”这是总书记针对这个问题的第六次重要批示指示。总书记要求从政治纪律查起,抓住了问题的要害。违建别墅的发生和演变,最重要的原因在于:有关党组织的政治建设缺失缺位、软弱无力,有关领导干部对政治纪律缺乏敬畏,政治规矩、意识淡薄。

《中国共产党章程》第 39 条规定:“党的纪律是党的各级组织和全体党员必须遵守的行为规则,是维护党的团结统一、完成党的任务的保证。党组织必须严格执行和维护党的纪律,共产党员必须自觉接受党的纪律的约束。”

习近平总书记指出:“严明党的纪律,首要的就是严明政治纪律。”党的纪律是多方面的,但政治纪律是最重要的、最根本的、最关键的纪律。遵守党的政治纪律,是遵守党的全部纪律的重要基础,是维护党的团结统一的根本保证。

2018 年 7 月下旬,中央专门派出专项整治工作组入驻陕西,与当地省、市、区三级政府联合开展针对秦岭违建别墅的整治行动,违法建设别墅查清一栋拆一栋,然后复绿复耕。

清查出1194栋违建别墅，其中依法拆除1185栋、依法没收9栋，依法收回国有土地4557亩、退还集体土地3257亩，实现了从全面拆除到全面复绿，一些党员干部因违纪违法被立案调查。这次专项整治，的确取得了良好的政治效果、纪法效果和社会效果。

治国必先治党，治党务必从严。实事求是，不图虚名，不务虚功，以钉钉子精神将全面从严治党引向深入，才能带领全国人民风雨兼程、披荆斩棘，实现伟大梦想。

（参考陈淑君：《秦岭违建别墅整治始末——抓到底正风纪》，http://www.xinhuanet.com/politics/2019-01/09/c_1123968682.htm，访问日期：2021年5月20日）

探究任务：阅读上述故事，明确党和法的关系，并结合秦岭违建别墅整治始末，阐明全面依法治国与坚持党的领导的一致性。或阐明为什么全面依法治国必须要坚持党的领导。

探究引路：(1)坚持党的领导是全面推进依法治国的题中应有之义。主要体现在三个方面：

①社会主义法治体系的阶级性、人民性与共产党的性质是一致的；

②党的政策与国家法律本质上是一致的；

③坚持党的领导与依法独立公正行使司法权是统一的。

(2)坚持党的领导是全面推进依法治国的内在要求。全面推进依法治国，建设社会主义法治国家，只有在党的领导下才能有目的、有步骤、有秩序地进行。

①全面推进依法治国需要社会主义民主，共产党是发扬民主、扩大民主、建设社会主义民主政治的领导核心。没有党的领导就不会有真正的社会主义民主，也就不会有社会主义法治。

②全面推进依法治国要通过法定程序把党的意志转化为国家意志，把党的路线方针政策转化为国家的法律法规，这个过程也是党领导立法机关统一认识、集中智慧的过程。

③全面推进依法治国必须加强法律实施。

④全面推进依法治国必须由中国共产党率先垂范。

(3)把党对全面推进依法治国的领导落到实处。

坚持党领导立法、保证执法、支持司法、带头守法，把依法治国基本方略和依法执政基本方式统一起来。

中国故事 2

镜头一：《中华人民共和国民法典》第一百八十三条："因保护他人民事权益使自己受到损害的，由侵权人承担民事责任，受益人可以给予适当补偿。没有侵权人、侵权人逃逸或者无力承担民事责任，受害人请求补偿的，受益人应当给予适当补偿。"第一百八十四条："因自愿实施紧急救助行为造成受助人损害的，救助人不承担民事责任。"

镜头二：一份德法交融的判决让正义不再瞻前顾后

河南省信阳市平桥区人民法院曾公开宣判了一起生命权纠纷案。老人郭某某骑电瓶车在小区内撞倒一名男童，路人孙某阻拦郭某某要求其等待男童家长。待男童家长前来，郭某某声称是男童自行闯入，被电瓶车撞倒，并准备离去，孙某加以阻拦，而在这过程中郭某某突发心脏疾病意外离世。郭某某家属上诉要求孙某对郭某某的死亡负责。

经过审理，法院认定孙某的阻拦方式在正常限度内，不具有违法行为，与郭某某死亡后果没有因果关系，其行为没有过错。最终，法院驳回了郭某某家属的诉讼请求。

案情中的几点细节一经披露，立即引发了舆论的广泛担忧：肇事老人、企图"逃逸"、见义勇为、家属指责。人们在担心，法院裁判会不会不重是非，只重平衡，会不会不问过程、只问结果？

尽管舆论担忧可以理解，但最终的裁判结果表明，人民法院一如既往地坚持了依法裁判，并对社会关切保持了应有的敏感性。宣判后，当地法院负责人在新闻发布会中表示：对于不利于儿童健康、侵犯儿童合法权益的行为，每个公民都有权予以阻止或者向有关部门控告，这种不超过合理限度的正当阻拦行为，不仅不具有违法性，还具有正当性，应予以肯定与支持。

（参考苏航：《一份德法交融的判决 让正义不再瞻前顾后》，https://www.chinacourt.org/article/detail/2019/12/id/4750763.shtml，访问日期：2021年5月2日）

探究任务1：结合上述故事，从法律与道德关系的角度谈谈你对上述规定的理解。

探究引路：材料所示的两条规定分别为《中华人民共和国民法典》第一百八十三条、第一百八十四条。上述条款旨在鼓励见义勇为。见义勇为是中华民族薪火相传的传统美德。以法律形式保护热心救助他人的行为，有助于倡导乐于助人的良好道德风尚，弘扬社会主义核心价值观。

通过对这则材料的讨论，教师可以引导学生深刻理解法律和道德的关系，懂得法律是成文的道德，道德是内心的法律。法律和道德都具有规范社会行为、调节社会关系、维护社会秩序的作用，在国家治理中都有其地位和功能。法安天下，德润人心。法律有效实施有赖于道德支持，道德践行也离不开法律约束。法治和德治不可分离、不可偏废，国家治理需要法律和道德协同发力。

探究任务2：结合《中华人民共和国民法典》相关规定和材料中这份德法交融的判决，说说如何理解“坚持依法治国和以德治国相结合”。

探究引路：（1）国家和社会治理需要法律和道德共同发挥作用，依法治国和以德治国相辅相成、不可偏废。不依法治国，突破社会道德底线的行为如果不受到必要制裁和惩处，人们就会放松内心的道德约束，以德治国就会失去底线和依托，就有可能导致公德废弛。同样，如果没有以德治国，法治精神在全社会得不到普及和信奉，法律的权威不是源自人民的内心拥护和真诚信仰，遵纪守法没有内化为人们的自觉行为，人们内心缺乏法律底线的概念，依法治国就难以实行。

（2）坚持依法治国和以德治国相结合，必须坚持一手抓法治、一手抓德治，大力弘扬社会主义核心价值观，弘扬中华传统美德，培育社会公德、职业道德、家庭美德、个人品德，既重视发挥法律的规范作用，又重视发挥道德的教化作用，以法治体现道德理念、强化法律对道德建设的促进作用，以道德滋养法治精神、强化道德对法治文化的支撑作用，实现法律和道德相辅相成、法治和德治相得益彰。

长见识　拓展阅读

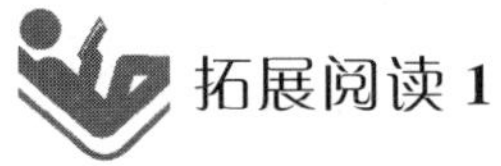

拓展阅读 1

关于法治，习近平总书记的这些妙喻

党的十八大以来，习近平总书记创造性提出了关于全面依法治国的一系列新理念新思想新战略，在习近平总书记的一系列重要论述中，运用了大量生动比喻，非常精彩，很有深意，对我们更好理解习近平法治思想的深刻蕴意，具有十分重要的启示作用。让我们一起来学习！

“红线”“底线”

各级领导干部要带头依法办事，带头遵守法律，始终对宪法法律怀有敬畏之心，牢固确立法律红线不能触碰、法律底线不能逾越的观念，不要去行使依法不该由自己行使的权力，更不能以言代法、以权压法、徇私枉法。

——2014 年 1 月 7 日习近平总书记在中央政法工作会议上的讲话

“治国之重器”

法律是治国之重器，法治是国家治理体系和治理能力的重要依托。全面推进依法治国，是解决党和国家事业发展面临的一系列重大问题，解放和增强社会活力、促进社会公平正义、维护社会和谐稳定、确保党和国家长治久安的根本要求。

——2014 年 10 月 20 日习近平总书记在十八届四中全会上作关于《中共中央关于全面推进依法治国若干重大问题的决定》的说明

“总抓手”

全面推进依法治国涉及很多方面，在实际工作中必须有一个总揽全局、牵引各方的总抓手，这个总抓手就是建设中国特色社会主义法治体系。依法治国各项工作都要围绕这个总抓手来谋划、来推进。

——2014年10月20日习近平总书记在十八届四中全会上作关于《中共中央关于全面推进依法治国若干重大问题的决定》的说明

“骨干工程”

依法治国各项工作都要围绕全面推进总目标来部署、来展开。法治体系是国家治理体系的骨干工程。落实全会部署，必须加快形成完备的法律规范体系、高效的法治实施体系、严密的法治监督体系、有力的法治保障体系，形成完善的党内法规体系。

——2014年10月23日习近平总书记在十八届四中全会第二次全体会议上的讲话

“鸟之两翼、车之两轮”

改革和法治如鸟之两翼、车之两轮，将有力推动全面建成小康社会事业向前发展。

——2015年2月2日习近平总书记在省部级主要领导干部学习贯彻党的十八届四中全会精神全面推进依法治国专题研讨班上的讲话

“堤坝”

如果法治的堤坝被冲破了，权力的滥用就会像洪水一样成灾。各级党政组织、各级领导干部手中的权力是党和人民赋予的，是上下左右有界受控的，不是可以为所欲为、随心所欲的。

——2015年2月2日习近平总书记在省部级主要领导干部学习贯彻党的十八届四中全会精神全面推进依法治国专题研讨班上的讲话

“政治陷阱”

全面推进依法治国，方向要正确，政治保证要坚强。古人说：“有道以统之，法虽少，足以化矣；无道以行之，法虽众，足以乱矣。”我说过，“党大还是法大”是一个政治陷阱，是一个伪命题。对这个问题，我们不能含糊其词、语焉不详，要明确予以回答。

——2015年2月2日习近平总书记在省部级主要领导干部学习贯彻党的十八届四中全会精神全面推进依法治国专题研讨班上的讲话

“法治之魂”

我们必须牢记，党的领导是中国特色社会主义法治之魂，是我们的法治同西方资本主义国家的法治最大的区别。离开了中国共产党的领导，中国特色社会主义法治体系、社会主义法治国家就建不起来。

——2015年2月2日习近平总书记在省部级主要领导干部学习贯彻党的十八届四中全会精神全面推进依法治国专题研讨班上的讲话

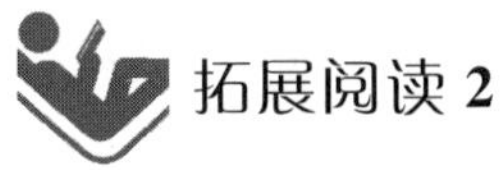

拓展阅读 2

关于“法治”与“法制”的区别

关于《法制日报》更名为《法治日报》，从“法制”到“法治”一字之差，但意义重大。接下来说说两者的大不同！

1.含义

法制，本意是一个静态的概念，是“法律制度”或者“法律和制度”的简称。

法治，表达的是法律运行的状态、方式、程度和过程。

2.产生的时间先后不同

人类世界还没有产生宪法以及民主的时候，就存在“法制”。“法治”则是晚近才产生的，强调对国家权力的限制和制约。

3.在社会规范体系中的地位不同

法制社会中的法律不是调整社会关系最为重要的社会规范，往往从属于诸如习惯等其他社会规范，特别是道德规范。在法治社会中，法律则具有最重要的地位，法律至上是法治社会的一个基本标志。

4.基本价值追求不同

“法治”是法律至上、社会民主、保障人权、促进权利、维护自由平等和程序正义。

“法制”和这些价值追求没有必然的联系，它既可以与法治相结合，也可以与人治相结合，当“法制”与“人治”相结合时，法律权威只是起一种补充和辅助的作用。

简单来说，如果说“法制”是二维的，那么“法治”就是三维立体的。从静态的“制”到动态的“治”，更准确体现了全面依法治国的内涵。

另外，还要注意，“法制”与“法治”虽然有很大区别，但这绝非意味着可以割断它们之间的联系。

提素养　导思导行

“法治中国”凸显了发展社会主义民主政治，坚持中国特色社会主义政治发展道路，坚持党的领导、人民当家作主和依法治国的有机统一。高一(10)班同学以“建设法治中国”为主题，收集资料，展开讨论。

学生收集到的相关资料：

资料一：2019 年 8 月 14 日，《中华人民共和国疫苗管理法》全文公布，该法于 2019 年 12 月 1 日起正式施行。这部对疫苗管理进行的专门立法，被称为“史上最严”：执行“最严格”的管理制度，并对违法者施行严厉处罚。在立法过程中做到了为人民立法，法规一公布就得到了人民的衷心拥护。

资料二：2020 年西藏地区生产总值 1902.74 亿元，居民人均可支配收入 21744 元，按可比价格计算，比上年增长 7.8%。这些成就是党中央坚强领导、强力推动取得的，得益于党中央治边稳藏重要战略思想的正确指引。

学生讨论的部分观点：

观点一：法律是治国之重器，发展社会主义民主，最重要的是坚持依法治国。

观点二：中国共产党是中国特色社会主义事业的领导核心，发展社会主义民主政治，最重要的是坚持党的领导。

请你参与讨论，评析该班同学“部分观点”中的任意一个观点，并说明该观点存在的不足。

第八章　法治中国建设

建设法治中国是系统性工程，既需要党和国家的统筹与规划，更需要公民和全社会的参与与推动。法治国家是法治中国建设的目标，法治政府是法治中国建设的主体，法治社会是法治中国建设的基础。全面推进依法治国，要坚持依法治国、依法执政、依法行政共同推进，坚持法治国家、法治政府、法治社会一体建设。

指方向　习语金句

全面推进依法治国必须走对路。要从中国国情和实际出发，走适合自己的法治道路，决不能照搬别国模式和做法，决不能走西方"宪政"、"三权鼎立"、"司法独立"的路子。

——2018年8月24日习近平在中央全面依法治国委员会第一次会议上的讲话

全面依法治国是一个系统工程，要整体谋划，更加注重系统性、整体性、协同性。法治政府建设是重点任务和主体工程，要率先突破，用法治给行政权力定规矩、划界限，规范行政决策程序，加快转变政府职能。要推进严格规范公正文明执法，提高司法公信力。

——2020年11月16—17日习近平在中央全面依法治国工作会议上的讲话

把关键　中国故事

关键点一：什么是法治国家？ 建设法治国家的基本要求是什么？

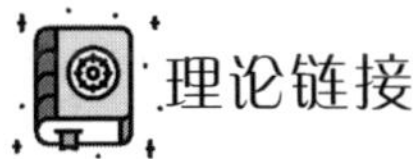

理论链接

1.法治国家的含义

(1)法治国家的内涵

实行依法治国、依宪治国、依法执政、依宪执政的国家。在现代社会，法治国家意味着国家权力依法行使，国家各项工作依法开展。

(2)法治国家的特征

①坚持宪法法律至上

宪法法律至上是法治的首要内容，即宪法法律是社会治理的最高准则，任何个人和组织都不享有法律之外的特权。法律是通过民主程序制定出来的，反映了民众的意愿，符合民众的利益，体现了社会共同理想和信念，应该得到全社会的尊重和遵从。

②坚持良法之治

法治国家强调依法治理，只有良法才能最大限度地得到民众的认同，才能最大限度地发挥法律的效力。良法的具体要求：应内容合理，在制定过程中应广泛听取各方意见，符合社会和人民需要，符合社会公平正义的理念；应体系完备、规范系统、类别齐全、协调统一，能够涵盖社会生活的各个方面。

③尊重和保障公民权利

公民依法享有广泛的权利。保护公民的各项权利是法治的主要功能。在法治国家，公民的权利和尊严应得到法律的确认，并通过执法和司法加以保障。

④规范国家权力的运行

国家的各项权力，都必须在法律之下运行。为了规范权力的运行，就需要通过完善的法律制度，加强对权力运行的制约和监督，把权力关进制度的笼子里，形成不敢腐的惩戒机制、不能腐的防范机制、不易腐的保障机制。

2.建设法治国家的基本要求

(1)推进宪法实施

①原因：依法治国首先要坚持依宪治国，依法执政首先要坚持依宪执政。

②要求：加强宪法实施和监督，落实宪法解释程序机制，推进合宪性审查工作；加强备案审查制度和能力建设，依法撤销和纠正违宪违法的规范性文件。

(2)建立完备的法律体系

①原因：完备的法律体系是法治国家的制度前提。

②要求：在宪法之下，要不断建立和完善各项法律制度，形成一个部门齐全、层次分明、结构协调、体例科学的社会主义法律体系，实现国家治理有法可依。

(3)完善法律实施机制

已经制定的法律需要得到有效实施；政府部门依法履行法定职责，为社会提供优良的公共服务；社会公众自觉遵守法律，依法行使权利、履行义务；司法机关严格公正司法，以事实为依据，以法律为准绳，定分止争，惩罚犯罪，化解矛盾，努力让人民群众感受到公平正义。

3.建设法治国家的意义

(1)能够有效规范权力运行；

(2)保障公民合法权益；

(3)能够推动实现国家治理现代化，实现长治久安。

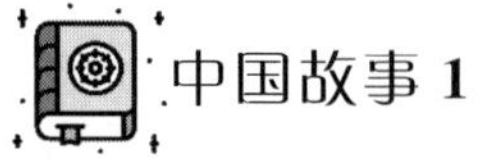

中国故事 1

"十三五"辉煌成就·法治建设

"十三五"时期，以习近平同志为核心的党中央从坚持和发展中国特色社会主义的全局和战略高度定位法治、布局法治、厉行法治，坚持党的领导、人民当家作主、依法治国有机统一，坚持依法治国、依法执政、依法行政共同推进，坚持法治国家、法治政府、法治社会一体建设，统筹推进科学立法、严格执法、公正司法、全民守法，加快推进中国特色社会主义法治体系建设，推动法治中国建设实现全方位发展、取得历史性成就，开创了法治中国建设新局面。

"十三五"时期法治中国建设成效显著。以宪法为核心的中国特色社会主义法律体系更加完备。十三届全国人大一次会议对宪法部分内容作出修改，把党的十九大确定的重大理论观点和重大方针政策特别是习近平新时代中国特色社会主义思想载入国家根本法，推动宪法与时俱进、完善发展。圆满完成新中国成立以来第一部以"法典"命名的法律——民法典编纂，充分发挥民法典作为固根本、稳预期、利长远的基础性法律作用。监察法、外商投资法、土地管理法、电子商务法、网络安全法、政府投资条例、优化营商环境条例、政府信息公开条例等一批法律法规制定修改，为推进国家治理体系和治理能力现代化、满足人民群众对美好生活新期待提供了重要保障。同时，立法体制机制更加健全，备案审查制度深入实施，公众参与立法覆盖面不断扩大，科学立法、民主立法、依法立法扎实推进。

坚持人民主体地位，切实增强人民群众在法治中国建设中的获得感、幸福感和满意度。法治中国建设有没有成效，人民群众最有发言权。五年来，我们党始终坚持法治为了人民、依靠人民，切实让人民群众感受到法治建设在身边、有实招、见成效。实现法治中国建设的更大发展，必须更全面、更深入、更广泛体现人民利益、反映人民愿望、维护人民权利、增进人民福祉，努力让人民群众在每一项法律制度、每一个执法决定、每一宗司法案件中都感受到公平正义。

（参考唐一军：《奋力开创法治中国建设新局面（人民要论·"十三五"辉煌成就·法治建设）》，https://baijiahao.baidu.com/s?id=1681202608923591489&wfr=spider&for=pc，访问日期：2021年5月20日）

探究任务：结合"十三五"时期我国在法治建设方面的成就，谈谈对法治国家的理解。

探究引路：法治国家指的是实行依法治国、依宪治国、依法执政、依宪执政的国家。在现代社会，法治国家意味着国家权力依法行使，国家各项工作依法开展。

首先，坚持宪法法律至上。宪法法律至上是法治的首要内容，即宪法法律是社会治理的最高准则，任何个人和组织都不享有法律之外的特权。"十三五"时期，十三届全国人大一次会议对宪法部分内容作出修改，推动宪法根本法与时俱进、完善发展。

其次，坚持良法之治。"十三五"期间，我国的立法体制机制更加健全，备案审查制度深入实施，公众参与立法覆盖面不断扩大，广泛听取各方意见，民主立法、依法立法、科学立法，力求做到立法内容合理，符合社会和人民的需要，符合社会公平正义的理念，同时体系完备、规范系统、类别齐全、协调统一，能够涵盖社会生活的各个方面。

再次，充分尊重和保障公民权利。我国的法治体现了人民利益、反映人民愿望、维护人民权利、增进人民福祉，公民的权力和尊严得到了法律的确认，并通过执法和司法加以保障。

最后，要规范国家权力的运行。通过完善的法律制度，加强对权力运行的制约和监督，把权力关进制度的笼子里，形成不敢腐的惩戒机制、不能腐的防范机制、不易腐的保障机制。

中国故事 2

全力推进法治中国建设

镜头一：宪法宣传周　弘扬宪法精神

2020 年 12 月 4 日是我国第七个国家宪法日，11 月 30 日至 12 月 6 日是第三个全国“宪法宣传周”。为深入学习宣传习近平法治思想，牢固树立宪法意识，大力弘扬宪法精神，认真履行宪法赋予的职责使命，福建各地法院因地制宜，开展了一系列各具特色的宪法“七进”活动。

在“国家宪法日”前夕，厦门市中级人民法院运用网络直播方式开展服务“六稳”“六保”专项执行行动，执行直播吸引了 136 万余名网友观看。思明法院的法官走进校园，为学生讲述一些与他们日常相关的侵权行为，帮助学生提高防范意识。海沧法院于 12 月 4 日上午举行宪法宣誓仪式，6 名新任命法官及 12 名职务职级晋升人员面向国旗庄严宣誓。当天还开展法治宣传活动，提供法律咨询，发放宣传材料、宣传品近 300 份。翔安法院干警于新店镇法治文化广场发放宪法宣传手册、民法典宣传折页等宣传材料 500 余份，解答群众咨询的法律问题。

（参考《宪法宣传周，福建法院在行动（一）》，https://www.163.com/dy/article/FT3V49IK0514K04P.html，访问日期：2021 年 5 月 20 日）

镜头二：全国人大常委会委员长栗战书 2021 年 4 月 29 日上午主持十三届全国人大常委会第二十八次会议闭幕会。在会议完成有关表决事项后，栗战书作讲话强调：加快完善中国特色社会主义法律体系，为全面建设社会主义现代化国家提供法治保障。

栗战书指出，本次常委会审议通过了 8 件法律和决定，乡村振兴促进法为实施乡村振兴战略提供了有力的法治保障。反食品浪费法建立起反食品浪费长效机制，是“小快灵”和“小切口”立法的生动实践。对海上交通安全法进行首次修改，全面提升了海上交通安全管理水平。教育法修改贯彻落实了全国教育大会的精神，对社会关注的冒名顶替入学行为等作出规范。全面修改关于加强中央预算审查监督的决定，体现预算审查监督重点向支出预算和政策拓展的要求，强化对国有资本经营预算和对国有资产管理的监督。会议还作出关于修改道路交通安全法等8部法律的决定、关于修改中国人民解放军选举人大代表的办法的决定、关于授权国务院在自由贸易试验区暂时调整适用有关法律规定的决定，各地区各部门要广泛宣传、认真实施这些法律和决定，在法治轨道上推进相关工作，把党中央决策部署落到实处。

镜头三：2021年4月23日，厦门市委召开全面依法治市工作会议，深入学习贯彻习近平法治思想和习近平总书记在福建考察时的重要讲话精神，全面贯彻落实中央全面依法治国工作会议以及省委全面依法治省工作会议部署要求，研究部署当前和今后一个时期我市全面依法治市工作，努力建设更高水平的法治厦门。

省委常委、市委书记赵龙指出：中央全面依法治国工作会议确立了习近平法治思想在全面依法治国工作中的指导地位，这在我国社会主义法治建设进程中具有里程碑意义。厦门要把握关键环节，推动全面依法治市工作系统提升。围绕形成完备的法律规范体系，充分发挥厦门拥有特区立法权的独特优势，加快科技创新、两岸融合发展、生态文明建设、基层治理等领域精准立法；围绕形成高效的法治实施体系，加大食品药品、公共卫生、环境保护、安全生产等重点领域执法力度，解决司法领域突出的矛盾和问题；围绕形成严密的法治监督体系，规范立法、执法、司法机关权力行使，完善权力运行监督制约机制，维护法治权威；围绕形成有力的法治保障体系，加大人才、技术、物质等方面保障，加强全民普法，营造浓厚法治氛围；围绕形成完善的党内法规体系，全面贯彻落实党章和党内法规，实现依法治市和依规治党有机统一。

（参考蔡镇金：《厦门市委全面依法治市工作会议召开：努力建设更高水平》，http://news.cri.cn/20200614/668de986-c8c9-1e9b-4213-c26f6545f54a.html，访问日期：2021年5月20日）

探究任务：结合以上三则镜头，谈谈对推进法治中国建设的启示。

探究引路：(1)推进宪法实施。依法治国首先要坚持依宪治国，依法执政首先要坚持依宪执政。加强宪法实施和监督，落实宪法解释程序机制，推进合宪性审查工作；加强备案审查制度和能力建设，依法撤销和纠正违宪违法的规范性文件。镜头一中在我国第七个国家宪法日，厦门各区深入学习宣传习近平法治思想，牢固树立宪法意识，大力弘扬宪法精神，有利于养成崇敬宪法、遵守宪法、维护宪法的习惯与文化，从而推进宪法的实施。

（2）建立完备的法律体系。完备的法律体系是法治国家的制度前提。建设法治国家，必须立法先行，发挥立法的引领和推动作用。从现实情况看，我国法律规范体系还存在缺项，有些问题在法律上还不明确，需要在宪法之下，不断建立和完善各项法律制度，形成一个部门齐全、层次分明、结构协调、体例科学的社会主义法律体系，实现国家治理有法可依。镜头二中国家层面乡村振兴促进法、反食品浪费法、海上交通安全法、教育法等的完善，以及镜头三中厦门市加快科技创新、两岸融合发展、生态文明建设、基层治理等领域的精准立法，都是对我国法律体系的完善。

（3）完善法律实施机制。政府部门依法履行法定职责，为社会提供优良的公共服务；社会公众自觉遵守法律，依法行使权利、履行义务；司法机关严格公正司法，以事实为依据，以法律为准绳，定分止争，惩罚犯罪，化解矛盾，努力让人民群众感受到公平正义。镜头三中，厦门市围绕形成高效的法治实施体系，加大重点领域执法力度，解决司法领域突出的矛盾和问题，围绕形成严密的法治监督体系，加强全民普法等，从政府部门、社会公众、司法机关的角度，推进已经制定的法律有效实施。

当今世界正经历百年未有之大变局，我国正处于实现中华民族伟大复兴关键时期，在统揽伟大斗争、伟大工程、伟大事业、伟大梦想，全面建设社会主义现代化国家新征程上，我们必须把全面依法治国摆在全局性、战略性、基础性、保障性位置，向着全面建成法治中国不断前进！

关键点二：什么是法治政府？ 怎样建设法治政府？

1.法治政府的内涵：职能科学、权责法定、执法严明、公开公正、廉洁高效、守法诚信的政府。

(1)职能科学的政府。政府部门之间、上下级政府之间关系的配置必须科学合理；宏观调控、市场监管、社会管理、公共服务、环境保护等都是法治政府必须承担的基本职能。

(2)权责法定的政府。如果政府权力没有严格的法律界定，就会出现权力行使的错位、缺位和越位等现象，需要完善行政组织和行政程序法律制度，推进机构、职能、权限、程序、责任法定化。

(3)执法严明的政府。执法严明重在有法必依、执法必严、违法必究，要求行政机关依照法定程序和方式从事执法活动。只有执法严明，才能保证政府有效履行职能，服务社会公众，确保宪法和法律的实施。

(4)公开公正的政府。全面推进政务公开，让权力在阳光下运行。公正执法要求将公平正义作为政务诚信的基本准则，将其贯彻于行政管理和公共服务的各个领域；通过公开公正执法，能够增强政府公信力和执行力，有效保障人民群众的知情权、参与权、表达权和监督权。

(5)廉洁高效的政府。政府必须清廉，不得利用公权力谋求私人或团体利益；必须高效运行，通过优化流程、运用现代科技手段，不断提高行政效率和水平。

(6)守法诚信的政府。政府要带头遵守法律，严格依法办事，做到诚实守信；要建立健全守信践诺机制，准确记录并客观评价各级人民政府和公务员对职权范围内行政事项以及行政服务质量承诺、期限承诺和保障承诺的履行情况。

2.如何建设法治政府？

(1)要求：把政府工作全面纳入法治轨道，让政府用法治思维和法治方式履行职责，确保行政权在法治框架内运行。各级政府及其工作人员要坚持有法必依、执法必严、违法必究，严格规范公正文明执法，规范执法自由裁量权，加大关系群众切身利益的重点领域执法力度。

(2)依法全面履行政府职能。完善依法行政制度体系。推进行政决策科学化、民主化、法治化。严格规范公正文明执法。强化对行政权力的制约和监督。全面提高政府工作人员的法治思维和依法行政能力。

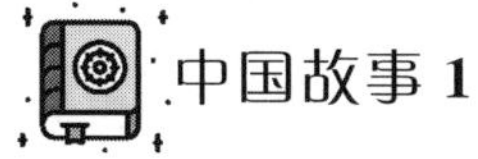

中国故事 1

徙木立信

镜头一：孝公既用卫鞅，鞅欲变法，恐天下议己。令既具，未布，恐民之不信，已乃立三丈之木于国都市南门，募民有能徙置北门者予十金。民怪之，莫敢徙。复曰“能徙者予五十金”。有一人徙之，辄予五十金，以明不欺。卒下令。

译文：秦孝公已经任命了卫鞅，卫鞅想要实施变法图强政策，唯恐天下人对自己产生非议。法令已经完备，但没有公布，(卫鞅)恐怕百姓不信任，于是在国都市场南门立下一根三丈长的木杆，招募百姓有能够搬到北门的就赏给十镒黄金。百姓对此感到惊讶，没有人敢去搬木杆。(卫鞅)就又宣布命令说：百姓有能够搬到北门的就赏给五十镒黄金。百姓将此木杆搬到北门，立即赏给他五十镒黄金，以表明没有欺诈。终于颁布(变法的)法令。

镜头二：商鞅徙木立信论

吾读史至商鞅徙木立信一事，而叹吾国国民之愚也，而叹执政者之煞费苦心也，而叹数千年来民智之不开、国几蹈于沦亡之惨也。谓予不信，请罄其说。

法令者，代谋幸福之具也。法令而善，其幸福吾民也必多，吾民方恐其不布此法令，或布而恐其不生效力，必竭全力以保障之，维持之，务使达到完善之目的而止。政府国民互相倚系，安有不信之理？法令而不善，则不惟无幸福之可言，且有危害之足惧，吾民又必竭全力以阻止此法令。虽欲吾信，又安有信之之理？乃若商鞅之与秦民，适成此比例之反对，抑又何哉？

商鞅之法良法也。今试一披吾国四千余年之纪载，而求其利国福民伟大之政治家，商鞅不首屈一指乎？鞅当孝公之世，中原最鼎沸，战事正殷。举国疲劳，不堪言状。于是而欲战胜诸国，统一中原，不綦难哉？于是而变法之令出，其法惩奸究以保人民之权利，务耕织以增进国民之富力，尚军功以树国威，孥贫怠以绝消耗。此诚我国从来未有之大政策，民何惮而不信？乃必徙木以立信者，吾于是知执政者之具费苦心也，吾于是知吾国国民之愚也，吾于是知数千年来民智黑暗、国几蹈于沦亡之惨境有由来也。

虽然，非常之原，黎民惧焉。民是此民矣，法是彼法矣，吾又何怪焉？吾特恐此徙木立信一事，若令彼东西各国文明国民闻之，当必捧腹而笑，噭舌而讥矣。乌乎！吾欲无言。

（毛泽东于民国元年（1912）在湖南全省高等中学（今长沙市第一中学）读书时的作文，摘自毛泽东：《商鞅徙木立信论》，《文摘报》2011 年 6 月 16 日第 8 版）

探究任务：商鞅“徙木立信”的故事对今天增强政府公信力有什么启示？

探究引路：毛泽东曾言“商鞅之法，良法也”。商鞅“徙木立信”，取得了民众的信任，随后颁布新法使变法顺利推行。恰恰说明善法将会得到民众支持，不善之法将得到民众的抵制。秦国自商鞅变法以后，有令必行、有禁必止，赏罚分明、奖罚兑现，成就了秦国的强大和富足。商鞅通过此种方式树立典型，从而获得公众信任，为变法成功奠定了基础。由此可见，“夫诚者，君子之所守也，而政事之本也”，诚信作为一种道德规范，既是立人之道，也是施政之本。

构建和谐社会，惠及全体人民，体现了人民群众的根本利益和共同愿望。中国社会主义和谐社会的发展，要求形成以诚信机制为核心的社会资本，诚信机制的逐步完善需要社会各界的长期不懈努力。因此，打造诚信社会，首先应打造诚信政府。打造诚信政府，最主要的是政府必须履行其对公众承诺的责任，它是现代民主社会中责任政府的重要标志，对社会诚信体系的构建具有重要的示范和推动作用。政府诚信是社会诚信的基石和灵魂，在构建和谐社会进程中应发挥其示范和表率作用，应是社会诚信的典范。如果基石不复存在，整个信用大厦就会坍塌，企业诚信、个人诚信都无从谈起。

中国故事 2

夯实治理之基：法治政府建设进行时

2020 年 8 月 25 日——这是法治厦门奋进历程中值得铭记的日子。这一天，厦门，我们的城市，从全国 1847 个申报的市、县政府中脱颖而出，获评第一批“全国法治政府建设示范市”，赢得了中国法治政府建设的最高荣誉。今年以来，法治厦门和司法行政工作捷报频传，硕果累累：在中国社会科学院法治研究所发布的中国政府透明度指数综合评估中，我市位列全国第一；在中国城市营商环境指数报告中，我市排名全国计划单列市第二；在全国信用城市排名中，我市名列第五；市司法局获评全国公共法律服务先进集体；“七星法治文化街区”入选全国法治宣传教育基地；海关公证电子送达入选国务院第六批向全国推广的自贸试验区改革试点经验；在全国首创“公证＋”多元调解衔接联动机制，被评为全国优秀执法制度。

回望这一年，全市司法行政系统坚持以习近平新时代中国特色社会主义思想为指导，深入学习贯彻党的十九大和十九届二中、三中、四中、五中全会精神与习近平法治思想，紧紧围绕建设“两高两化”城市大局，以“法治政府示范创建活动”为契机，以创新促发展，加快推动公共法律服务体系建设，不断完善矛盾纠纷多元化解机制，严格落实强制隔离戒毒和社区矫正措施，积极推动“主动创稳”和市域社会治理，深入开展扫黑除恶专项斗争，全面推动司法行政工作再上新台阶。

依法行政，服务大局，全面深化法治政府建设。今年以来，厦门市出台、修订了知识产权促进和保护、会展业促进、城市综合管理、老年人权益保障、职工基本养老保险、志愿服务、生态环保等法规规章，组织开展涉及民法典实施、深化“放管服”改革、优化营商环境的规范性文件清理，为经济社会发展重点领域提供了坚实的制度支撑。

建设法治政府，就是要把政府工作全面纳入法治轨道，给行政权力定规矩、划界限。今年以来，厦门市不断完善行政执法监督制度，抽取各区和市直部门行政处罚、行政许可案卷121件进行评查，将评查结果作为年度依法行政绩效考核的重要依据。将规范行政处罚自由裁量权列入2020年市政府执法专项检查范围，进一步推进公正文明执法。全面实施行政执法人员持证上岗和资格管理制度，全省组织线上执法证培训和考试，不断提升行政执法能力和水平。今年以来，厦门市持续推进行政复议委员会试点和相对集中行政复议审理体制改革。

获评首批“全国法治政府建设示范市”，只是一个起点。好风凭借力，扬帆正当时！即将来临的2021年，是“十四五”规划的开局之年，也是全面建设社会主义现代化国家新征程、向第二个百年奋斗目标进军的开局之年，具有里程碑意义。全市司法行政机关将继续坚持以习近平新时代中国特色社会主义思想为指导，深入贯彻落实习近平法治思想，立足司法行政“一个统筹、四大职能”，以争创“全国市域社会治理现代化示范市”和“法治中国典范城市”为目标，抢抓机遇，超前谋划，持续提升法治政府水平，扎实推进法治宣传教育，大力促进社会和谐稳定，切实提升公共法律服务质效，全面加强司法行政队伍建设，为加快建设“两高两化”城市提供坚强有力的法治保障。

（参考项开来、邓倩倩、颜之宏：《夯实治理之基：法治政府建设进行时》，http://www.gov.cn/xinwen/2021-01/12/content_5579134.htm，访问日期：2021年5月20日）

探究任务1：在全省依法行政指标考核中，厦门连续12年位居首位，同时厦门是第一批“全国法治政府建设示范市”。请以查阅资料或采访你身边政府部门工作人员的形式，体会并分析生活中的法治政府具有哪些特征。

探究引路：(1)职能科学。政府不能什么都管，也不能该管的不管。

政府部门之间，上下级政府之间关系的配置必须科学合理。材料中，厦门市不断完善行政执法监督制度，抽取各区和市直部门行政处罚、行政许可案卷进行评查，将规范行政处罚自由裁量权列入 2020 年市政府执法专项检查范围，进一步推进公正文明执法。说明政府部门之间关系配置合理适当，也体现了法治政府必须承担的基本职能，这巧妙说明了厦门市政府部门具有职能科学的特征。

(2)权责法定。如果政府权力没有严格的法律界定，就会出现权力行使的错位、缺失和越位等现象。厦门市出台、修订了知识产权促进和保护、会展业促进、城市综合管理、老年人权益保障、职工基本养老保险、志愿服务、生态环保等法规规章，组织开展涉及民法典实施、深化“放管服”改革、优化营商环境的规范性文件清理，为经济社会发展重点领域提供了坚实的制度支撑。这一过程中完善行政组织和行政程序法律制度，推进机构、职能、权限、程序、责任法定化，体现了法治政府具有权责法定的特征。

(3)执法严明。执法严明重在有法可依、执法必严、违法必究，要求行政机关依照法定程序和方式从事执法活动。行政机关按照法定程序和方式从事执法活动，体现了法治政府具有执法严明的特征。

(4)公开公正。全面推行政务公开，让权力在阳光下运行。厦门在中国社会科学院法治研究所发布的中国政府透明度指数综合评估中，位列全国第一。这说明政府应全面推进政务公开，让权力在阳光下运行。公开公正执法，能够增强政府公信力和执行力，有效保障人民群众的知情权、参与权、表达权和监督权。

(5)廉洁高效。政府必须清廉，必须高效运行，从而不断提高行政效率和水平。厦门市通过全面实施行政执法人员持证上岗和资格管理制度，全省组织线上执法证培训和考试，不断提高行政执法人员的专业素养，从而提高行政效率和水平，促进政府的高效运行。

探究任务 2:好风凭借力，扬帆正当时。为争创“全国市域社会治理现代化示范市”和“法治中国典范城市”的目标，你认为可以从哪些方面进一步提升厦门法治政府的水平？

探究引路：建设法治政府，就要把政府工作全面纳入法治轨道，让政府用法治思维和法治方式履行职责，确保行政权在法治框架内运行。各级政府及其工作人员要坚持有法必依、执法必严、违法必究，严格规范公正文明执法，规范执法自由裁量权，加大关系群众切身利益的重点领域执法力度。厦门市提升法治政府水平，可从加强执法能力培训，定期组织执法人员参加基础法律知识培训、专门法律知识培训和新修订法律法规专题培训；执法必严，明确重大执法决定审核制度，并通过执法监督等措施督促重大执法决定的落实情况；强化行政执法考核与监督，加强法治建设责任制考核，通过年度法治建设责任制考核，将部门行政负责人工作实绩纳入考核之中。建立各部门与纪委监察、组织人事部门的协调工作机制，及时通报情况，把执法行为在行政诉讼中被撤销、变更、确认违法和责令履职的情况，作为衡量执法水平的量化指标和公务员考核的重要依据。

关键点三：什么是法治社会？如何理解法治社会的基本要求？

理论链接

1.内涵

法律得到普遍公认和遵从、社会治理依法开展、公共生活和谐有序的社会。

2.要求

(1)深入开展法治宣传教育，推动全社会树立法治意识

①原因：法治社会建设需要全社会共同参与。

②要求：必须在全社会弘扬社会主义法治精神，建设社会主义法治文化，深入开展法治宣传教育，增强全社会法治观念，推动全社会树立法治意识。

(2)提高社会治理法治化水平

①主客体:深化基层组织和部门、行业依法治理,支持各类社会主体自我约束、自我管理。

②多规范:发挥市民公约、乡规民约、行业规章、团体章程等社会规范在社会治理中的积极作用。

(3)建设完备的法律服务体系

①体系:推进覆盖城乡居民的公共法律服务体系建设,完善法律援助制度,扩大援助范围,健全司法救助体系。

②落实:保证人民群众在遇到法律问题或者权利受到侵害时获得及时有效的法律帮助。

(4)健全社会矛盾纠纷,预防化解机制

①法治:强化法律在维护群众权益、化解社会矛盾中的权威地位,引导和支持人们理性表达诉求、依法维护权益。

②机制:完善调解、仲裁、行政裁决、行政复议、诉讼等有机衔接、相互协调的多元纠纷解决机制。

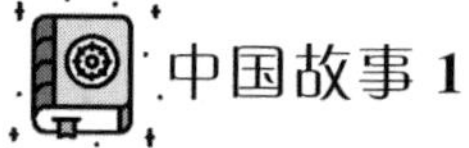

中国故事 1

厦门:法治社会建设带来城市发展新活力

依法行政,服务大局

厦门市出台、修订了知识产权促进和保护、会展业促进、城市综合管理、老年人权益保障、职工基本养老保险、志愿服务、生态环保等法规规章,组织开展涉及民法典实施、深化"放管服"改革、优化营商环境的规范性文件清理,为经济社会发展重点领域提供了坚实的制度支撑。

多元参与,开放共治

现代社会治理是多重参与,开放和共同治理。厦门市继续推进开放立法,不断拓宽公民有序参与的渠道,加强立法研究,完善立法征求意见采纳反馈机制。自今年年初以来,厦门市在监管审查阶段共举行了近十次专家论证会,邀请相关领域的立法咨询专家和学者对立法项目与立法计划的编制工作进行示范，共有近80人。

疫情防控期间，52支来自市直部门、市律协、市律协专委会及律师事务所4个层级的疫情公益法律服务团队先后成立。他们为疫情防控和企业复工复产决策开展法律论证，提供法律意见建议，按主题汇编了法律政策，提出了促进经济社会发展的意见和建议，并得到有关部门的重视和采用。

七进活动，精准普法

在2020年宪法宣传周及“12·4”国家宪法日，厦门市司法局围绕“深入学习宣传习近平法治思想，大力弘扬宪法精神”这一主题，联合各相关单位开展宪法进机关、进企业、进乡村、进校园、进社区、进军营、进网络等“七进”活动。组织宪法宣誓、举办中小学生宪法晨读、宪法知识竞赛等方式，推动宪法宣传全覆盖，使宪法真正走进生活、深入民心。思明区司法局创新承办首届中国法治微电影展，面向全国公开征集1300余部优秀法治微电影作品，并于国家宪法日举办颁奖典礼。

推进机制建设，多元化解决纠纷

为了让困难群众感受到公平、正义的温暖，厦门的法律援助服务不断降低门槛，扩大了覆盖范围，使有需要的人们可以向厦门市公共法律服务中心寻求法律援助。2020年11月，厦门市司法局和市检察院联合发布了《关于加强刑事案件中未成年受害人法律援助的实施意见》，进一步加大了对未成年受害人的法律援助力度，不断提高人民群众的获得感、幸福感、安全感。

此外，还创新多种自治共治平台。信访评理室是一个社区搭建的邻里评理解纷的自治共治平台。厦港司法所所长王燕玲向《法治日报》记者介绍，别看信访评理室不大，但作用不小，邀请了公道正派、热心公益的人士共30多人担任评理员，包括居民代表、老党员、商家代表、法律工作者和政府工作人员，及时就地解决群众诉求。

2019年，创新“公证＋”多重调解联动机制，形成以治安调解室、公证调解室、调解谈心室暨远程司法调解室“三室一体”衔接联动化解矛盾纠纷的运行模式。这是厦门深化多元纠纷化解机制建设的一次大胆尝试，构筑起化解基层矛盾纠纷的“第一道防线”，有效实现纠纷不过夜、矛盾不出(派出)所、平安不出事。

(参考《厦门:法治社会建设带来城市发展新活力》，https://www.thepaper.cn/newsDetail_forward_10525562，访问日期:2021 年 5 月 20 日)

探究任务:“以规矩为方圆则成，以尺寸量长短则得，以法教治民则安。”近几年，厦门人民群众安全感持续增强，群众安全感满意率从 5 年前的 91.03%提升至 98.911%，厦门也先后获得“全国和谐社区建设示范城市”“全国法治城市创建先进市”等荣誉称号。

结合材料，试分析说明厦门是如何通过构建法治城市提升人民群众的安全感的。

探究引路:(1)深入开展法治宣传教育，推动全社会树立法治意识。法治社会建设需要全社会共同参与，必须在全社会弘扬社会主义法治精神，建设社会主义法治文化，深入开展法治宣传教育，增强全社会法治观念，推动全社会树立法治意识。厦门七星法治文化街区折射出厦门法院人弘扬法治精神、创新法治文化传播手段、丰富普法形式和载体的情怀与追求，让普法走入群众，让百姓在潜移默化中接受法治文化教育。

(2)提高社会治理法治化水平。深化基层组织和部门、行业依法治理，支持各类社会主体自我约束、自我管理。发挥市民公约、乡规民约、行业规章、团体章程等社会规范在社会治理中的积极作用。厦门市持续推进开门立法，不断拓宽公民有序参与渠道，加强立法调研，健全立法征求意见采纳反馈机制。

(3)建设完备的法律服务体系。推进覆盖城乡居民的公共法律服务体系建设，完善法律援助制度，扩大援助范围，健全司法救助体系，保证人民群众在遇到法律问题或者权利受到侵害时获得及时有效的法律帮助。今年以来，厦门不断优化公共法律服务体系建设，统筹整合律师、公证、司法鉴定、仲裁、人民调解等法律服务资源，法律援助服务不断降低门槛，让困难群众感受到公平正义的温暖。

(4)健全社会矛盾纠纷预防化解机制。强化法律在维护群众权益、化解社会矛盾中的权威地位，引导和支持人们理性表达诉求、依法维护权益。完善调解、仲裁、行政裁决、行政复议、诉讼等有机衔接、相互协调的多元纠纷解决机制。材料中，沙坡尾信访评理室平息纠纷、创新“公证+”多元调解衔接联动机制等措施，引领社会矛盾纠纷化解机制创新，推进多元化纠纷解决机制建设，引导社会力量参与矛盾纠纷化解，实现社会共治、群众自治。

长见识　拓展阅读

拓展阅读 1

法治和人治

在习近平法治思想中，法治概念是在摒弃人治这个对立面的前提下提出的。习近平强调，各级领导干部“要坚持法治、反对人治，对宪法法律始终保持敬畏之心，带头在宪法法律范围内活动，严格依照法定权限、规则、程序行使权力、履行职责，做到心中高悬法纪明镜、手中紧握法纪戒尺，知晓为官做事尺度”。以习近平同志为核心的党中央采取一系列重大举措，推动党、国家和社会告别人治窠臼而步入法治的光明大道，开辟了法治文明的崭新局面。

（参考张文显：《习近平法治思想的理论体系》，《法制与社会发展》2021 年第 1 期）

拓展阅读 2

调解、仲裁、行政裁决、行政复议、诉讼

调解，是指中立的第三方在当事人之间调停疏导，帮助交换意见，提出解决建议，促成双方化解矛盾的活动。在中国，调解主要有四种形式：诉讼调解（法院在诉讼过程中的调解）、行政调解（行政机关在执法过程中的调解)、仲裁调解(仲裁机关在仲裁过程中的调解)和人民调解(群众性组织即人民调解委员会的调解)。

仲裁,指由双方当事人协议将争议提交(具有公认地位的)第三者,由该第三者对争议的是非曲直进行评判并作出裁决的一种解决争议的方法。仲裁异于诉讼和审判,仲裁需要双方自愿,也异于强制调解,是一种特殊调解是自愿型公断,区别于诉讼等强制型公断。

行政裁决,指行政主体依照法律授权和法定程序,对当事人之间发生的与行政管理活动密切相关的、与合同无关的特定民事、经济纠纷进行裁决的具体行政行为。行政裁决又称为行政司法。

行政复议,指公民、法人或者其他组织认为行政主体的具体行政行为违法或不当侵犯其合法权益,依法向主管行政机关提出复查该具体行政行为的申请,行政复议机关依照法定程序对被申请的具体行政行为进行合法性、适当性审查,并作出行政复议决定的一种法律制度。

诉讼,指公民、法人、其他组织依法告诉(起诉),申诉、控告或司法机关依职责追究他人法律责任,由人民法院裁决的法律行为。诉,指告诉、申诉、控告的意思和行为;讼,是法律行为,讼指要由人民法院裁决的法律行为。如民事诉讼、刑事诉讼、行政诉讼,就是“打官司”。

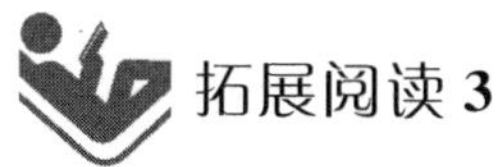

拓展阅读 3

法治政府的衡量标准

(1)政府职能依法全面履行

依法全面履行政府职能包含了三个方面的内涵:一是政府要全面履行法定职能,二是要切实转变政府职能,三是要简政放权、放管结合、优化服务。第一项是解决“应当做”的问题,第二项和第三项是解决“如何做”的问题。在全面履行法定职能方面,关键是要全面履行宏观调控、市场监管、社会管理、公共服务、环境保护这五大职能;在转变政府职能方面,关键是做到习近平所指出的“要最大限度减少政府对微观事务的管理”;在简政放权、放管结合、优化服务方面,关键是要创新监管方式,最大限度地降低监管成本、提高监管实效，努力降低群众和企业与政府打交道的成本，营造良好的营商环境。

(2)依法行政制度体系完备

法治政府的“法”，就是指依法行政制度体系。依法行政制度体系是否完备，是法治政府能否建成的前提。依法行政制度体系完备，就是要不断提高立法质量，构建系统完备、科学规范、运行有效的依法行政法律、法规、规章体系，使政府管理各方面制度更加成熟、更加定型。要实现依法行政制度体系完备这一要求，就不能仅仅看立法的数量，更要注重提高立法的质量，切实提高相关立法活动的科学化、民主化和法治化水平，使得法治政府建设的规范依据体系能够真正符合宪法和法律、体现民意、遵循科学规律，为法治政府建设提供权威、明确和正确的规范依据。

(3)行政决策科学民主合法

行政决策是政府所有行政活动的起点。推进行政决策的科学化、民主化和法治化，就是从行政活动的起点确保行政活动在法治的轨道之内运行。

确保行政决策科学性，就是要让行政决策符合客观规律、符合科学研究的共识。为此，一方面要加强对行政决策者的科学培训，提高决策者对社会主义经济、政治、法治、社会、文化等领域客观规律以及自然科学基本知识的认知，另一方面要加强行政决策过程中的专家参与机制，善于借助专业人士的智慧提高行政决策的科学化。

确保行政决策民主性，有两层含义。一是行政决策应当反映集体决策的共识，实现行政决策的内在民主性。为此，重大行政决策经政府常务会议或者全体会议、部门领导班子会议讨论，由行政首长在集体讨论基础上作出决定。二是行政决策应当反映人民群众的共识，实现行政决策的外在民主性。为此，各级政府应当建立和加强公众参与平台建设，事关经济社会发展全局和涉及群众切身利益的重大行政决策事项，广泛听取意见，与利害关系人进行充分沟通，及时反馈意见采纳情况和理由。

确保行政决策合法化，就是让行政决策全过程都在法治轨道上运行。为此，首先要制定行政程序规定，将决策纳入法定程序和正当程序之中；

其次要加强合法性审查，普遍建立政府法律顾问制度，保证法律顾问在制定重大行政决策、推进依法行政中发挥积极作用；最后还要严格决策责任追究，建立和完善重大行政决策后评估制度和有关人员的责任追究制度。

(4)宪法法律严格公正实施

能否确保宪法法律严格公正实施，是法治政府建设的外在效能标准。宪法和法律的生命力在于实施，宪法和法律的权威也在于实施。当前，实施宪法和法律的主要国家机关是行政机关，因此建设法治政府就要确保行政机关严格规范公正文明执法，确保宪法法律严格公正实施。

衡量是否实现严格规范公正文明执法，主要看以下三点。

第一，行政执法体制是否健全；第二，行政执法人员管理是否规范；第三，是否建立强有力的行政执法保障。

(5)行政权力规范透明运行

行政权力规范运行，主要指行政权力运行的全过程都必须符合法律、法规、规章和其他规范性文件的要求，不仅做到结果合法，还必须做到程序合法，不仅要符合各项条款的明确要求，也要符合公平正义以及法治原理的基本精神。值得注意的是，权力运行是否规范，不是政府机关自说自话，必须是人民群众和政府以外的其他监督机关说了算。行政权力透明运行，主要指行政权力运行全过程要尽量透明化。除涉及国家秘密、商业秘密、个人隐私以及其他依据法律法规不宜公开的事项，行政权力运行相关信息都应当向人民群众公开，接受全社会的监督。

(6)人民权益切实有效保障

能否实现人民权益切实有效保障，是衡量法治政府建设好坏的目的标准。当前，要实现公民、法人和其他组织的合法权益得到切实维护，就要建成公正、高效、便捷、成本低廉的多元化矛盾纠纷解决机制，使行政机关在预防、解决行政争议和民事纠纷中的作用得到充分发挥，使公民、法人和其他组织通过法定渠道解决矛盾纠纷的比例大幅提升。

(7)依法行政能力普遍提高

依法行政能力普遍提高，是从政府自身建设角度衡量法治政府建设的具体标准。努力提升政府工作人员依法行政能力，对建成法治政府至关重要。衡量政府工作人员依法行政能力，主要看三个层次水平：一是法律知识水平，主要是对宪法、法律、法规、规章相关规定的认识和理解水平；二是法治思维水平，主要是运用法治原理和方法论分析问题、解决问题的水平；三是法治信仰水平，主要是在各种情况下坚守法治底线的决心和勇气。

（参考《中共中央 国务院印发〈法治政府建设实施纲要（2015—2020年）〉》，http://www.gov.cn/gongbao/content/2016/content_2979703.htm，访问日期：2021年5月20日）

提素养　导思导行

1.2020年是决胜全面小康之年，又面临疫情严峻考验，推进基层社会治理现代化更具特殊意义。面向未来，厦门海沧以推进市域社会治理现代化试点为契机，认真贯彻落实上级的工作部署，紧紧围绕稳定目标，牢牢把握为民根本，以主动创稳为主线，大力化解社会矛盾，持续推进扫黑除恶专项斗争，建设更高水平平安海沧。

社会治理的最佳效果，就是将矛盾消解于未然。为了更好解决非警务纠纷，海沧区发展“枫桥经验”，探索设立警民调解室，打造警民联调机制，为基层民警减负、为人民群众解忧。一年来，海沧区各警民联调工作室化解矛盾纠纷1500余件，占全区调解总案件数的近50%。海沧区委政法委负责人表示，除了主动化解矛盾，海沧还将把社会治安防控作为主动创稳的另一个重点，发动群众参与平安志愿服务，探索不同类型的群防群治巡防模式，健全立体化、法治化、专业化、智能化的社会治安防控体系。

请你查阅资料，围绕上述厦门海沧推进基层社会治理现代化的措施，就加强基层社会治理提出建议。

2.2020年来势汹汹的新冠肺炎疫情暴发，这对突发性公共卫生事件的应对能力及对政府的公信力提出了严峻考验。在新冠肺炎疫情防控期间，我国举全国之力对疫情进行有效处置，及时遏制了疫情的蔓延，保障了公民的人身财产和生命安全，向全世界展示了中国智慧、中国方案、中国力量，并对预防、治疗新冠肺炎提供了参考。

（1）请你查阅资料，了解中西方政府抗击新冠疫情的相关做法，并将其填入表8-1中。

表8-1　中国与西方国家抗击新冠肺炎疫情做法对比

项目	中国	西方国家
政府信息公开情况		
政府依法办事能力		
政府的宣传教育情况及公民的知法守法素养		

（2）通过对比，梳理新冠疫情期间我国政府不同部门分别是如何树立和维护公信力的。

第九章　全面依法治国的基本要求

实现全面推进依法治国的总目标，必须做到科学立法、严格执法、公正司法、全民守法。在推进法治中国建设的过程中，这四个方面密切联系，相辅相成，缺一不可。

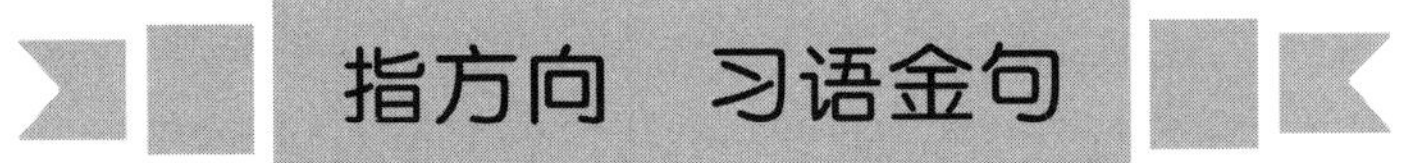

公平正义是司法的灵魂和生命。要深化司法责任制综合配套改革，加强司法制约监督，健全社会公平正义法治保障制度，努力让人民群众在每一个司法案件中感受到公平正义。要加快构建规范高效的制约监督体系。要推动扫黑除恶常态化，坚决打击黑恶势力及其“保护伞”，让城乡更安宁、群众更安乐。

——2020年11月16—17日习近平在中央全面依法治国工作会议上的讲话

法治建设需要全社会共同参与，只有全体人民信仰法治、厉行法治，国家和社会生活才能真正实现在法治轨道上运行。

法治的根基在人民。要加大全民普法工作力度，弘扬社会主义法治精神，增强全民法治观念，完善公共法律服务体系，夯实依法治国社会基础。要坚持依法治国和以德治国相结合，把社会主义核心价值观融入法治建设，完善诚信建设长效机制，加大对公德失范、诚信缺失等行为惩处力度，努力形成良好的社会风尚和社会秩序。

——2020年2月5日习近平在中央全面依法治国委员会第三次会议上的讲话

把关键　中国故事

关键点一：如何理解科学立法？

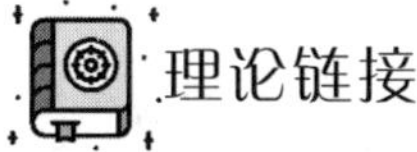

1.科学立法的内涵

就是尊重和体现社会发展的客观规律，不断提高法律的质量。

2.科学立法的原则

(1)从立法方向上说，科学立法要我国社会主义国家性质，顺应时代发展要求，推动国家发展进步，保障人民各项权利；立法要符合中国的政治制度和历史传统，要与新时代中国特色社会主义伟大进程相适应。

(2)从立法的实效上说，科学立法必须从我国国情和实际出发。要立良善之法，立管用之法，完善立法体制机制，使每项立法都能科学合理地规范国家机关的权力与责任，规范公民、法人和其他组织的权利与义务，使法律符合社会发展的需求。

(3)从立法的方法上说，立法必须遵循法律体系的内在逻辑和立法工作规律，遵循立法程序，注重立法技术，努力实现立法过程的科学化。

3.如何科学立法

(1)科学立法要做到依法立法。在法治的轨道上，制定合法有效的规范性文件。

(2)科学立法要充分发扬民主。必须坚持民主立法，广开言路，集思广益。

(3)科学立法要合理设定权利与义务权利与责任。

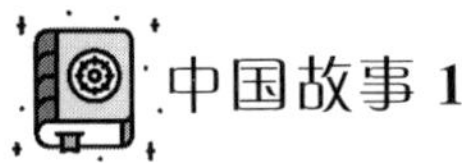

中国故事 1

基层立法联系点，助力科学立法

镜头一：党的十八届四中全会要求建立基层立法联系点制度，推进立法精细化。

2015 年 9 月，上海市虹桥街道虹储小区居委会主任朱国萍，成为虹桥街道基层立法联系点信息员。两年多来，1800 余人次参与立法意见征询，10 余个立法问题成为社区公共议题，推进多个社区服务项目。

立法联系点及时反馈基层立法的意见建议，是社情民意的汇聚点，在立法中发挥了接地气、察民情、聚民智的“直通车”的作用，增强了居民对民主法治的认识，参与社区治理，实现人民当家作主。

（参考王比学、魏哲哲：《基层立法联系点发挥大作用》，http://www.npc.gov.cn/npc/c30834/201910/e642f18debae43fa962743ecf1f97a08.shtml，访问日期：2021 年 5 月 20 日。）

镜头二：一群中学生的故事

在 2020 年未成年人保护法(修订)向立法联系点征求意见之时，上海华东政法大学附属中学的一群中学生向虹桥立法联系点提出了修改意见，包括课外补习班的问题、如何预防青少年沉迷网络的问题、家庭暴力的问题。这些学生提出的意见经过虹桥立法联系点反馈到立法工作机构之后，法治工作委员会工作人员逐条进行了研究，有一些采纳到了最终通过的法律案中。

（参考梁晓辉：《臧铁伟讲述中国立法两个小故事：一群中学生和一封“无字信”》，https://baijiahao.baidu.com/s? id=1689199451527238171&wfr=spider&for=pc，访问日期：2021 年 4 月 18 日。）

探究任务：结合上述两个故事，分析基层立法点如何开展工作助力科学立法。

探究引路：科学立法必须坚持民主立法，广开言路，集思广益。基层立法联系点的设立，构建自下而上的立法模式，可以使立法更好地反映人民意愿。基层立法联系点的主要职责是对法律法规草案提出建议意见，参与立法调研和立法评估等工作。一方面，基层立法联系点的工作需要与基层群众对接，收集公众的立法建议意见，实现社会公众与立法机关的对话，它是基层群众直接参与立法活动的重要载体。另一方面，它与立法机关对接，反映社会公众的立法建议意见，让社会公众参与立法工作变得更加有序，更加有针对性，成为立法机关深入基层直接了解民意的桥梁。比如，在2020年未成年人保护法修订修改意见征集时，上海华东政法大学附属中学的学生提出的意见经过虹桥立法联系点反馈到立法工作机构之后，有一些采纳到了最终通过的法律案中。基层立法联系点的设立，拓宽了社会公众参与立法的途径，可以让社会公众更好地参与立法活动，社会公众可以在自家门口提出立法建议。

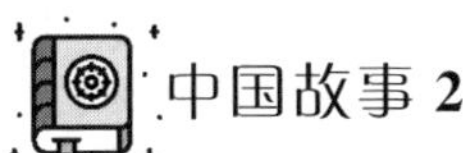

中国故事 2

民法典新增打印遗嘱、录像遗嘱

在民法典实施之前，由于我国的继承法颁布年代较早，录像、打印遗嘱等技术手段在当时尚未普及，继承法中明确规定有效的遗嘱形式仅5种，分别为公证遗嘱、自述遗嘱、代书遗嘱、录音遗嘱及口头遗嘱，并未就打印遗嘱、录像遗嘱作出单独的规定。随着社会经济的发展和物质生活条件的进步，2021年1月1日实施的民法典继承编在保留录音遗嘱的同时，将继承法中的录音遗嘱修改为录音录像遗嘱。此外，民法典还增加了打印遗嘱的形式，充分体现了民法典对时代发展的回应。

《中华人民共和国民法典》第1136条规定："打印遗嘱应当有两个以上见证人在场见证。遗嘱人和见证人应当在遗嘱每一页签名，注明年、月、日。"

《中华人民共和国民法典》第1137条规定："以录音录像形式立的遗嘱，应当有两个以上见证人在场见证。遗嘱人和见证人应当在录音录像中记录其姓名或者肖像，以及年、月、日。"

（参考《我市首例适用〈民法典〉录音录像遗嘱案宣判 录音录像遗嘱、打印遗嘱形式被认可》，https://baijiahao.baidu.com/s?id=1693206004668403412&wfr=spider&for=pc，访问日期：2021年4月30日）

探究任务：随着社会经济的发展和物质生活条件的进步，民法典规定在原有的公证遗嘱、自述遗嘱、代书遗嘱、录音遗嘱及口头遗嘱的基础上，增加了打印遗嘱、录像遗嘱，这体现了科学立法应该遵循什么标准。

探究引路：首先，科学立法要符合我国社会主义国家性质，顺应时代发展要求，推动国家发展进步，保障人民各项权利。其次，科学立法要符合国情和实际，要立良善之法、立管用之法，完善立法体制机制，使每项立法都能科学合理地规范国家机关的权力和责任，规范公民、法人和其他组织的权利与义务，使法律符合社会发展的需要。

《民法典》在继承法规定的公证遗嘱、代书遗嘱、自书遗嘱、录音遗嘱、口头遗嘱的基础上，增加打印遗嘱和录像遗嘱为有效的遗嘱形式，使遗嘱形式的立法与当今社会生活的现实状况和科技发展的实际水平相适应，具有创新性和先进性，让继承制度更符合百姓需求。

关键点二：如何理解严格执法？

理论链接

1.严格执法的内涵：就是执法机关在执法过程中严格依法办事，行政机关带头严格执法，依法全面履行职能。

2.严格执法的意义：严格执法，有助于捍卫法律的权威和尊严，有助于实现社会公平正义，有助于推进建设法治政府。

3.如何推进严格执法？

（1）行政机关要坚持法定职责必须为、法无授权不可为，勇于负责、敢于担当，坚决纠正不作为、乱作为，坚决克服懒政、怠政，坚决惩处失职、渎职。

（2）坚持规范执法、公正执法、文明执法。

中国故事

保护环境，建设美丽家园

镜头一：建设生态文明、建设美丽中国，离不开严格的环境保护执法。2014年修订的环境保护法被称为“史上最严”的环境保护法，该法自2015年施行以来彰显了威力。中央环保督察组进驻全国多个省份，发现问题，实施监督。许多人因破坏生态和污染环境被刑事拘留；多地区党政部门及其负责人被问责，受到党纪政纪处分。2020年3月，生态环境部印发《关于统筹做好疫情防控和经济社会发展生态环保工作的指导意见》，提出建立和实施监督执法正面清单。此后，又印发《关于落实监督执法正面清单相关工作的通知》，督促指导各地通过实行分类监管、差异化监管，科学合理配置执法资源，实现对守法企业无事不扰，对违法企业利剑高悬。

镜头二：《中华人民共和国环境保护法》内容选摘

第六条　一切单位和个人都有保护环境的义务。地方各级人民政府应当对本行政区域的环境质量负责。

第九条　各级人民政府应当加强环境保护宣传和普及工作……

第十条　国务院环境保护主管部门，对全国环境保护工作实施统一监督管理，县级以上地方人民政府环境保护主管部门，对本行政区域环境保护工作实施统一监督管理。县级以上人民政府有关部门和军队环境保护部门，依照有关法律的规定对资源保护和污染防治等环境保护工作实施监督管理。

第二十八条　地方各级人民政府应当根据环境保护目标和治理任务，采取有效措施，改善环境质量。

第三十三条　各级人民政府应当加强对农业环境的保护……县级、乡级人民政府应当提高农村环境保护公共服务水平，推动农村环境综合整治。

第三十七条　地方各级人民政府应当采取措施，组织对生活废弃物的分类处置、回收利用。

《中华人民共和国环境保护法》的制定和完善，规定了行政机关在环境保护方面应当履行的责任，为行政机关环保执法提供了法律依据和遵循。

（参考《中华人民共和国环境保护法》，http://www.gov.cn/zhengce/2014-04/25/content_2666434.htm，访问日期：2021年4月30日）

镜头三：2021年4月初，中央第七生态环境保护督察组，在凤阳县刘府镇发现159家无资质报废机动车回收拆解点，均是露天粗放作业，无任何污染防治设施，拆解过程中产生的各类污染物直排周边环境，对水、大气、土壤均造成严重污染。当地接到督察组交办的群众信访举报当晚就组织清理各类报废钢铁，4月11日全部清理完毕。

探究任务1：结合以上故事，说明为什么要开展生态环保督察？行政机关加强环保执法有何重要意义？

探究引路：行政机关是实施法律法规的重要主体，要带头严格执法，维护公共利益、人民权益和社会秩序；用严格的法律制度保护生态环境，本质上就是用法律保障人的生存权和发展权，法律威慑力不够，良好的生态、可持续的经济发展、人民追求的幸福生活都将难以实现。

探究任务2：通过调查研究，尝试对本地的环保执法情况作出评价，并提出具体的建议。

探究引路：本题目为开放性题目。学生就调查研究情况进行具体分析和评价，可从加大环保法治宣传力度、建立环保实绩考核制度、强化环保部门的权力、加强环保执法的民主性、整合环保的监督管理机制、加强环保执法队伍建设等方面提出建议。

关键点三：如何理解公正司法?

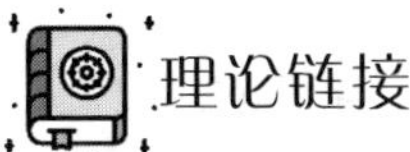

理论链接

1.公正司法的内涵

公正司法，即要在司法活动的过程和结果中坚持和体现公平正义。公正司法是维护社会公平正义的最后一道防线。就法院的审判而言，公正司法既要求法院的审判过程做到平等和正当，也要求法院的审判结果体现公平和正义。

司法的程序要公正。程序的公正意味着当事人诉讼地位平等、司法过程严格依据诉讼法进行。通过程序公正，可以最大化实现结果公正，有效保护公民的程序权利，从而使得审判结果可以更好地得到人们的认可和尊重。

司法的结果要公正。结果的公正意味着法律适用准确、案件事实清楚、裁判结果合法合理。

2.推进公正司法

推进公正司法，必须确保审判权和检察权依法独立行使。各级党政机关和领导干部要支持法院、检察院依法独立公正行使职权。任何党政机关和领导干部都不得让司法机关做违反法定职责、有碍司法公正的事情，任何司法机关都不得执行党政机关和领导干部违法干预司法活动的要求。

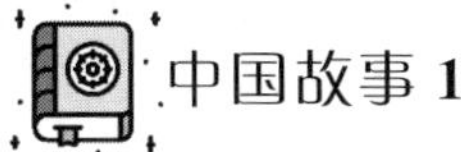

中国故事 1

聚焦张玉环案，历经 27 年改判无罪

1993 年 10 月 24 日，江西省南昌市进贤县凰岭乡张家村，年仅 6 岁的张磊和 4 岁的张翔忽然失踪。次日，二人被发现死在附近的下马塘水库内。几天后，时年26岁的同村人张玉环被警方锁定为嫌凶。

2001年11月28日，经过长达8年的司法程序后，张玉环终审被判死缓，2018年6月20日，江西高院已对张玉环案立案复查，并已通知律师阅卷。2020年8月4日下午4时，江西省高级人民法院再审宣判张玉环故意杀人案，法院最终以“原审判决事实不清，证据不足”，宣告张玉环无罪。律师表示，将帮助张玉环申请约700万国家赔偿。9月2日，张玉环向江西省高级人民法院提交了国家赔偿申请，申请赔偿金额22343129元。9月4日，江西高院予以受理张玉环的国家赔偿申请。

2020年10月30日，江西省高级人民法院向赔偿请求人张玉环送达了国家赔偿决定书，依法决定向赔偿请求人张玉环支付赔偿金4960521.5元。

江西省高院在再审判决中认为，原审认定张玉环作案的事实不清、证据不足。按照“疑罪从无”的原则，不能认定张玉环有罪。江西省高院列举了改判张玉环无罪的理由：

其一，作为作案工具的麻袋和麻绳，经查与本案或张玉环缺乏关联；原审认定被害人将张玉环手背抓伤所依据的人体损伤检验证明，仅能证明伤痕手抓可形成，不具有排他性。

其二，原审认定的第一作案现场，公安机关在现场勘查中没有发现、提取到任何与案件相关的痕迹物证。

其三，张玉环的两次有罪供述在杀人地点、作案工具、作案过程等方面存在明显矛盾，真实性存疑，依法不能作为定案的根据。

（参考赖星、高皓亮：《回家的路，他“走”了二十七年》，http://news.nen.com.cn/system/2020/08/07/021045405.shtml? spm=zm5047-001.0.0.1.0KlC05&file=021045405.shtml，访问日期：2021年5月27日）

探究任务：结合上述案件的审理过程及裁判结果，说明公平正义是如何得到伸张的。

探究引路：（1）在司法裁判中强化对公正司法的价值追求，准确理解法律原则和法律精神，把好案件事实关、证据关、程序关、法律关，努力做到实体公正与程序公正有机统一，坚持政治效果、法律效果与社会效果有机统一。

(2)阳光是最好的防腐剂,司法越公开就越有权威和公信力。要坚持以公开促公正、以公开提公信,构建开放、动态、透明、便民的阳光司法机制,在满足当事人知情权、参与权的同时,让人民群众以看得见的方式感受公平正义。

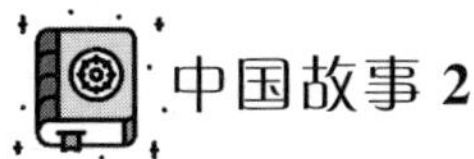

中国故事 2

"全国法院办案标兵"程羽:让群众感受司法公平正义

耐心倾听当事人心声

程羽说:"刑事无小事,关乎案件当事人的人身自由,万不能敷衍了事,更要以十二分的精神对待案件每一个细节。"她总是认真倾听被告人与被害人的意见,理顺审理思路,最大限度还原案件事实。她认为要摆正法官的居中裁判位置,不能先入为主,要重视被告人与被害人反复提出的诉求点,对他们的一生负责。

勤钻研做专家型法官

程羽的成绩并非一日之功,而在于日积月累。她说:"法官要真正做到公正司法,要对法律规定精准理解并熟练运用,才能办好每个案件。"程羽要求自己要精通法律条文,平时还经常加班加点更新法律知识、总结办案经验,增强学术素养。

(参考王元锴:《"全国法院办案标兵"程羽:让群众感受司法公平正义》,https://baijiahao.baidu.com/s? id=1690095791712322592&wfr=spider&for=pc,访问日期:2021年4月30日)

探究任务:从"全国法院办案标兵"程羽的事迹中感悟如何做一名合格的司法工作人员。

探究引路:(1)具备强烈的司法公正意识。人民法院工作的核心问题就是实现司法公正,司法公正是法院工作的出发点和落脚点,是人民法院的生命线。通过审判工作,保证司法公正,不偏不倚,是各法院工作者崇高的使命和工作目标。司法工作人员要端正办案指导思想,遵循市场经济规律,坚持双方当事人的平等地位,尊重当事人在不违反国家禁止性规定前提下所形成的真实意思表示和契约效力，以切实维护和保障社会信用及公平竞争的市场秩序。

(2)着眼人民需要，增强服务意识，树立全局观念，切实履行人民法院的审判职能。人民法院当前在审判工作中履行法律职责，维护国家安全和社会稳定，平衡和处理好各种社会利益，关键是要不断增强服务意识，着眼于人民群众的利益和需要，倾听、理解当事人的诉求，切实为人民办事，为改革、开放、稳定的大局服务。

(3)努力提高自己的业务水平，时刻保持为人民负责的态度，认真研究案情，深入研究审判技巧，保证案件审理的正确性和公正性，提高审判质量，确保司法公正、高效。

关键点四：如何增强全民守法的积极性和主动性?

理论链接

1.坚持党的领导，保证社会主义法治的根本方向。坚持党领导立法、保证执法、支持司法、带头守法，充分发挥党总揽全局、协调各方的领导核心作用。要善于使党组织推荐的人选通过法定程序成为国家政权机关的领导人员，善于通过国家政权机关实施党对国家和社会的领导。要把贯彻落实党的方针政策与严格执法、公正司法有机结合起来。

2.弘扬法治精神，大力开展全社会法治宣传教育。坚持把全民普法和守法作为依法治国的长期基础性工作，在全社会开展多种形式的法治宣传教育，树立宪法法律至上、法律面前人人平等的法治理念，把法治宣传教育与法治实践紧密结合起来，把对法律的严格遵守培养成为社会成员的行为习惯，使社会主义法治精神逐步深入人心，引导全民依法行使权利，依法履行义务，自觉守法、遇事找法、解决问题靠法。

3.建设法治文化，积极推动全社会参与法治实践。要深入开展公民道德建设，弘扬中华优秀传统文化，增强法治的道德底蕴，强化规则意识，倡导契约精神，弘扬公序良俗，引导人们自觉履行法定义务、社会责任、家庭责任，使遵法守法成为全体人民的共同追求和自觉行动。

4.充分发挥党的基层组织、基层政权组织和各类社会组织在法治建设中的积极作用。要创新基层党建工作，健全党的基层组织体系，加大非公有制经济组织、社会组织党建工作力度，确保党的组织和党的工作全覆盖。加强党员队伍建设，增强基层干部法治观念、法治为民的意识，充分发挥基层党组织的战斗堡垒作用。

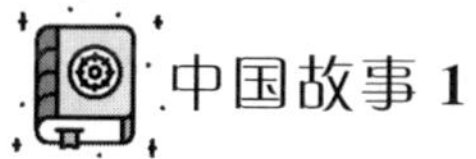

中国故事 1

子罕辞宝

子罕，春秋时齐国的一名大夫。他虽身为京城中的官员，却从不恃权营私，贪恋钱财。不管是亲朋好友，还是素不相识的陌生人，别人送来礼物，他都一概拒收。

一天，子罕正在府中处理政务。忽然差役进来禀报说，门外有个人求见。子罕急忙放下手中的事务，示意有请。不一会儿，差役把那人请了进来。只见他身着峨冠博带，衣冠楚楚。进得门后，一边向子罕施礼作揖，一边口若悬河地说开了："久闻大人英名，如雷贯耳，怎奈宋齐两国路途遥遥，无缘相见，今日得见大人尊容，实属三生有幸。"

子罕十分谦和地回答说："客人来访，理当会见，请不必多礼。"接着，子罕想询问来人的情况和来意。然而那人却只管一面欣赏厅里的摆设，一面不断地奉承子罕。见此，子罕虽耐着性子，浑身却像针扎一样难受。出于礼貌，子罕不便发火，只好敷衍着和他胡乱谈了一会话。坐了好半天，也不见那人说明来意。子罕因身有公事，心里很着急，只得委婉地说："足下一路风尘仆仆，鞍马劳顿，是否先到客舍休息休息？"

那人说："大人既是公务在身，小人不敢打扰，今日至此，只有一事相商。"说着，抬眼望了望子罕的左右。子罕会意，向身边的差役们挥了挥手，让他们退下。那人见厅内别无他人，走到子罕跟前，低声地说："小人仰慕大人已久，今日得以相见，我这里有一块刚得到的宝玉，要是雕琢好了，它是无价之宝啊！现在我奉献给你，请大人笑纳。"

说着，那人从袖中把那块碧玉取了出来，双手递给了子罕。子罕接过那玉细看，确实是块宝玉。他放在手上翻来覆去看了几遍。然后，把那玉又递还给了那人。那人一看，急了，他以为子罕怀疑那玉不是真的，忙说："小人已请玉匠鉴定过了，的确是块价值连城的宝玉啊！你看这纹理多么华美，这色泽多么斑斓。"

子罕见那人如此百般殷切，笑着解释说："我并非怀疑它不是宝，我不收，是因为它是你的宝，而不是我的宝。对你来说它是无价之玉，而它对我来说就不是宝。你把碧玉作为宝，我把不贪作为宝。如果我收了你的宝，岂不是你也丢了宝，我也丢了宝。我看还是我们各自守住自己的宝好啊！"

听了子罕的这一番话，那人只得收起那块玉，灰溜溜地走了。

探究任务：从子罕辞宝的故事中可以得到哪些启示？在日常生活中，我们应如何做守法好公民？

探究引路：(1)子罕作为官员能够洁身自好、不贪钱财，启示我们要建设一支信念坚定、执法为民、敢于担当、清正廉洁的政法队伍。各级领导干部要带头依法办事，带头遵守法律，牢固确立法律红线不能触碰、法律底线不能逾越的观念。政法机关要完成党和人民赋予的光荣使命，必须严格执法、公正司法。"公生明，廉生威。"要坚守职业良知、执法为民，教育引导广大干警自觉用职业道德约束自己，做到对群众深恶痛绝的事零容忍、对群众急需急盼的事零懈怠，树立惩恶扬善、执法如山的浩然正气。要信仰法治、坚守法治，做知法、懂法、守法、护法的执法者，铁面无私，秉公执法。

(2)人民是法治建设的主体，是法治国家的主人。全民守法，是推进依法治国的重要环节，是高扬法治旗帜的基础工程。全民守法，要求我们每个公民必须无条件地遵守国家法律法规，不能逾越法律底线。只有将法治观念植根于民心，学法、懂法、用法，做到全民守法，法治建设才有坚实根基,改革创新与可持续发展才有坚强的保障。因而我们就是必须在宪法和法律范围内活动,任何公民、社会组织和国家机关都要以宪法和法律为行为准则,依照宪法和法律行使权利或权力、履行义务或职责。

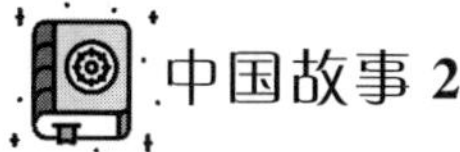

中国故事 2

厦门:扎实开展普法工作 有力推进全民守法

2020 年 12 月,厦门市委普法协调小组组长李辉跃强调,要树立城市良好法治形象,宣传好我市首批“全国法治政府建设示范市”成果和“法治是最好的营商环境”理念;要强化青少年法治教育,道德与法治教育结合,推进全民守法;要牢记普法使命,凝聚工作合力,抓实疫情防控法治宣传和民法典、宪法等主题宣传;要加强队伍建设和人才支撑;要创新普法理念、模式,从注重普及法律知识理念向注重法治实践示范引领转变,落实“谁执法谁普法”责任制,增强普法实效。

(参考郭睿:《扎实开展普法工作 有力推进全民守法》,http://news.xmnn.cn/xmnn/2020/12/30/100829966.shtml,访问日期:2021 年 5 月 20 日)

探究任务:结合厦门市开展的普法工作,探究如何增强全民守法的积极性和主动性。

探究引路:(1)做好普法宣传。充分理解全面依法治国的要求,发挥媒体融合优势,建设法治城市,做好对民众的法治宣传,增强全社会厉行法治的积极性和主动性,促使全体社会成员积极主动、坚定不移地投身于社会主义法治建设实践,实现全民守法、社会治理法治化、推进法治社会建设的目标任务。

(2)依法治国和以德治国相结合,善于挖掘中华民族优秀传统文化中蕴含的法治思想和传统美德,激发公民的认同感。同时推进法治教育进校园,强化青少年法治教育,推动法治教育进社区,有力推进居民守法。

(3)强化法治队伍建设,强化人才支撑,推进法治工作切实保障人民权益,赢得人民支持,让法治建设得到人民的认可与支持。

（4）要创新普法理念和模式，从注重普及法律知识理念向注重法治实践示范引领转变，适应时代发展对推进全民守法的新要求，着眼人民群众对法治中国的新需求，激发人民参与法治实践和建设的热情与积极性。

长见识　拓展阅读

拓展阅读 1

分辨有立法权的国家机关和国家立法机关

根据宪法和立法法，全国人民代表大会和全国人民代表大会常务委员会行使国家立法权，是国家立法机关。有立法权的国家机关包括经全国人大及其常委会授权的国务院等国家机关。

我国有立法权的国家机关的立法权限：(1)立法法第八条规定的涉及国家主权、基本政治制度和基本经济制度、民事基本制度等方面的事项，只能制定法律，全国人大及其常委会具有专属立法权。(2)行政法规可以对为执行法律的规定需要制定行政法规的事项、宪法第八十九条规定的国务院行政管理职权的事项，作出规定。(3)地方性法规可以对为执行法律、行政法规的规定，需要根据本行政区域的实际情况作具体规定的事项，属于地方性事务需要制定地方性法规的事项，作出规定。除立法法第八条规定的事项外，其他事项国家尚未制定法律或者行政法规的，省、自治区、直辖市和设区的市、自治州根据本地方的具体情况和实际需要，可以先制定地方性法规。设区的市、自治州制定地方性法规限于城乡建设与管理、环境保护、历史文化保护等方面的事项。(4)民族自治地方的人民代表大会有权依照当地民族的政治、经济和文化的特点，制定自治条例和单行条例。自治条例和单行条例可以依照当地民族的特点，对法律和行政法规的规定作出变通规定，但不得违背法律或者行政法规的基本原则，不得对宪法和民族区域自治法的规定以及其他有关法律、行政法规专门就民族自治地方所作的规定作出变通规定。(5)部门规章规定的事项应当属于执行法律或者国务院的行政法规、决定、命令的事项。地方政府规章可以对为执行法律行政法规、地方性法规的规定需要制定规章的事项，属于本行政区域的具体行政管理事项，作出规定。

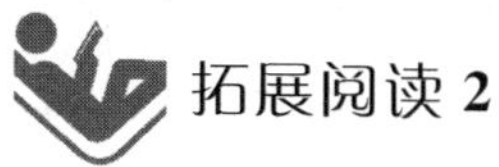

拓展阅读 2

权力清单、责任清单、负面清单

权力清单：所谓权力清单制度，是政府及其部门在对其所行使的公共权力进行全面梳理的基础上，依法界定每个部门、每个岗位的职责与权限，然后将职权目录、实施主体、相关法律依据、具体办理流程等以清单方式进行列举和图解，并公之于众。权力清单制度的原则是法无授权不可为。权力清单应当涵盖我国各级政府和各个政府部门的行政权力。凡是不涉及国家秘密的公共权力都应在公开之列，不应存在任何“暗区”甚至“盲区”。权力清单制度的核心是简政放权，围绕减少层次、优化流程、提高效能、方便办事的目标，分析每项权力的运行过程，找准权力运行的关键节点，厘清各个节点的内在联系，优化权力运行流程，固化业务操作程序。

责任清单：明确了省级政府部门必须承担哪些责任、必须做哪些事情，做到“法定责任必须为”，每个部门的“职责边界”被明确。通过“权力清单”限制政府的乱作为，但绝不意味着政府可以不作为。在社会主义市场经济条件下，政府要做的事更多，责任更重，比如维护诚信经营、公平竞争的市场环境等。要把这些责任落实到位，不能只靠事前审批，而要通过加强事中和事后监管，把政府的责任贯穿市场运行全过程。比如，市场会形成垄断，垄断会抑制市场活力，政府就要雷霆万钧反垄断。再如，假冒伪劣、坑蒙拐骗总会找机会露头，政府就要时时睁大除杂草的眼睛。做到了这一切，政府这个“裁判员”才是公正的，这个“守护神”也才是管用的。

负面清单：相当于投资领域的“黑名单”，列明了企业不能投资的领域和产业，表面看好像是告诉企业，哪些“高压线”不能碰，哪些事情不能做，其实更重要的信号是告诉企业除了这些以外，其他都可以做。这就相当于给企业解脱了束缚，只要你有想象力、有创新力，就可以“海阔凭鱼跃，天高任鸟飞”。这样一来，企业创新的活力自然就会迸发出来，创新的氛围也会越来越浓。通过实行市场准入负面清单制度，赋予市场主体更多的主动权，有利于落实市场主体自主权和激发市场活力，有利于形成各类市场主体依法平等使用生产要素、公开公平公正参与竞争的市场环境，有利于形成统一开放、竞争有序的现代市场体系，将为发挥市场在资源配置中的决定性作用提供更大空间。

李克强总理提出：政府要拿出“权力清单”，明确政府该做什么，做到“法无授权不可为”；给出“负面清单”，明确企业不该干什么，做到“法无禁止皆可为”；理出“责任清单”，明确政府怎么管市场，做到“法定责任必须为”。

拓展阅读 3

2018 年《最高人民法院工作报告》阐述了党的十八大以来最高人民法院坚持严格公正司法、加强人权司法保障的具体措施，主要内容如下：

(1)坚决纠正和防范冤假错案。坚持实事求是、有错必纠，加强审判监督，再审改判。出台指导意见，落实罪刑法定、证据裁判、疑罪从无等原则。

(2)完善人权司法保障措施。贯彻宽严相济刑事政策，确保该严则严、当宽则宽。加强涉未成年人案件审判，完善社会调查、轻罪记录封存等机制，回访帮教，减少预防未成年人犯罪数量。

(3)规范减刑、假释。制定审理减刑假释案件司法解释，依法公开公正审理相关案件，不允许任何法外特权和法外开恩。

(参考周强：《坚持严格公正司法，加强人权司法保障》，https://baijiahao.baidu.com/s? id=1594445990226832404&wfr=spider&for=pc，访问日期：2021 年 4 月 28 日)

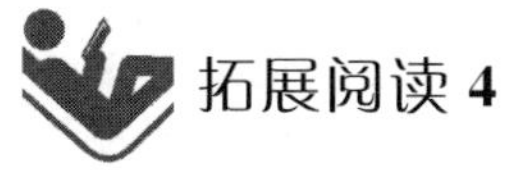

拓展阅读 4

司法救助制度

健全国家司法救助制度是党和国家在司法领域出台的一项便民利民举措。在司法实践中，一些刑事犯罪案件、民事侵权案件，因案件无法侦破或被告人无财产可供执行，致使受害人及其近亲属难以依法得到有效赔偿，生活陷入困境，一些受害人由此走上信访道路。针对这种情况，党的十八届三中全会提出，完善人权司法保障制度，健全国家司法救助制度。2014 年《关于建立完善国家司法救助制度的意见（试行）》明确规定，救助对象主要是遭受犯罪侵害或民事侵权、无法通过诉讼获得有效赔偿、造成生活困难的当事人或其近亲属。

积极开展司法救助是中国特色社会主义司法制度的内在要求，是改善民生、健全社会保障体系的重要组成部分。设立国家司法救助制度，顺应了人民群众对司法公正权益保障的新期待，有助于维护当事人合法权益、及时化解矛盾纠纷。既彰显了党和政府的民生关怀，又有利于进一步实现社会公平正义。

提素养　导思导行

《民法典》是关乎 14 亿人民生老病死、衣食住行的“权利宣言书”。从呱呱坠地享受百般关爱，到两鬓如霜儿孙绕膝；从清晨迎接第一缕阳光，到下班回家休息打开电视，我们时时刻刻都在与民法打交道，受法律规制，受法律保护。

表 9-1 《民法典》伴我们成长

序号	小明的经历	《民法典》相关规定
1	那一年，小明13岁，初一年级学生，因跟同学发生矛盾，同学为报复，在网络发表对小明不利的网络言论、曝光小明家庭隐私以及对小明的照片进行恶搞等。小明告诉了老师，老师要求该同学撤下不当言论并跟小明道歉。	《民法典》规定："民事主体的人格权受法律保护，任何组织或个人不得侵害。""人格权受到侵害的，受害人有权依照本法和其他法律的规定请求行为人承担民事责任。受害人的停止侵害、排除妨碍、消除危险、消除影响、恢复名誉、赔礼道歉请求权，不适用诉讼时效的规定。"
2	那一年，小明16岁。他和家人出门旅游，在高铁上遇到有人"霸座"。"霸座"的人嚣张地撕掉了小明的车票，乘务员和乘警责令"霸座"者离开该座位并补交票款。	《民法典》规定："旅客应当按照有效客票记载的时间、班次和座位号乘坐。旅客无票乘坐、超程乘坐、越级乘坐或者持不符合减价条件的优惠客票乘坐的，应当补交票款，承运人可以按照规定加收票款；旅客不支付票款的，承运人可以拒绝运输。"
3	那一年，小明18岁。为了买一部新款手机，他在某网贷平台借了钱，没想到一个月后利滚利欠了十倍的钱，小明向有关部门举报了该平台。	《民法典》规定："禁止高利放贷，借款的利率不得违反国家有关规定。"
	……	……

1.我们受到法律保护的同时要维护法律的权威。请就"校园霸凌""霸座""校园贷"等现象，任选一个角度，围绕"学法懂法、争做守法公民"设计一个班会主题活动方案。

2.调查采访父母亲友，了解现实生活中，行政部门在执法时存在的问题。收集问题，小组内展开讨论：这些与法治政府、服务政府目标不一致，执法方式会带来哪些不好的影响？为政府部门执法设计考核标准，在班级中开展主题交流。

第十章　坚持党的领导、人民当家作主、依法治国有机统一

建设社会主义法治国家，是推进国家治理体系和治理能力现代化的必然要求。全面依法治国，必须坚持党的领导、人民当家作主、依法治国有机统一。

指方向　习语金句

党的领导是人民当家作主和依法治国的根本保证，人民当家作主是社会主义民主政治的本质特征，依法治国是党领导人民治理国家的基本方式，三者统一于我国社会主义民主政治伟大实践。

——2017 **年** 10 **月** 18 **日习近平在中共十九大的报告**

在我国政治生活中，党是居于领导地位的，加强党的集中统一领导，支持人大、政府、政协和法院、检察院依法依章程履行职能、开展工作、发挥作用，这两个方面是统一的。要改进党的领导方式和执政方式，保证党领导人民有效治理国家；扩大人民有序政治参与，保证人民依法实行民主选举、民主协商、民主决策、民主管理、民主监督；维护国家法制统一、尊严、权威，加强人权法治保障，保证人民依法享有广泛权利和自由。

——2017 **年** 10 **月** 18 **日习近平在中共十九大的报告**

全面依法治国最广泛、最深厚的基础是人民，必须坚持为了人民、依靠人民。要把体现人民利益、反映人民愿望、维护人民权益、增进人民福祉落实到全面依法治国各领域全过程。推进全面依法治国，根本目的是依法保障人民权益。要积极回应人民群众新要求新期待，系统研究谋划和解决法治领域人民群众反映强烈的突出问题，不断增强人民群众获得感、幸福感、安全感，用法治保障人民安居乐业。

——**2020年11月16—17日习近平在中央全面依法治国工作会议上的讲话**

把关键　中国故事

关键点：如何理解党的领导、人民当家作主和依法治国三者的有机统一

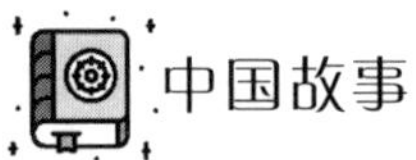

《中共中央关于制定国民经济和社会发展第十四个五年规划和二〇三五年远景目标的建议》出台过程

五年规划主要是对国家重大建设项目、生产力分布和国民经济重要比例关系等作出规划，为国民经济发展远景规定目标和方向。在“两个一百年”历史交汇点上，党的十九届五中全会重点研究“十四五”规划问题并提出建议，将“十四五”规划与2035年远景目标统筹考虑。

2020年3月，中央政治局决定，党的十九届五中全会审议“十四五”规划建议，成立文件起草组，有关部门和地方负责同志参加，在中央政治局常委会领导下承担建议稿起草工作。

2020年3月30日，党中央发出《关于对党的十九届五中全会研究

“十四五”规划建议征求意见的通知》，在党内外一定范围征求意见。4月13日，文件起草组召开第一次全体会议，建议稿起草工作正式启动。

这次建议稿起草的一个重要特点是坚持发扬民主、开门问策、集思广益。从7月下旬到9月下旬，习近平总书记先后主持召开企业家座谈会、扎实推进长三角一体化发展座谈会、经济社会领域专家座谈会、科学家座谈会、基层代表座谈会、教育文化卫生体育领域专家代表座谈会，当面听取各方面对制定“十四五”规划的意见和建议。8月10日，建议稿下发党内一定范围征求意见，包括征求党内部分老同志意见，还专门听取了各民主党派中央、全国工商联负责人和无党派人士代表意见。8月16—29日，“十四五”规划编制工作开展网上征求意见。广大人民群众踊跃参与，留言100多万条，有关方面从中整理出1000余条建议。文件起草组逐条分析各方面意见和建议，做到了能吸收的尽量吸收，对建议稿增写、改写、精简文字共计366处，覆盖各方面意见和建议546条。这是我国党内民主和社会主义民主的生动实践。

建议稿起草期间，中央政治局常委会召开3次会议、中央政治局召开2次会议分别进行审议，形成了提交这次全会审议的建议稿。

2020年10月29日，如潮的掌声中，中国共产党第十九届中央委员会第五次全体会议审议通过《中共中央关于制定国民经济和社会发展第十四个五年规划和二〇三五年远景目标的建议》。

2021年3月11日，十三届全国人大四次会议表决通过了关于国民经济和社会发展第十四个五年规划和2035年远景目标纲要的决议。

（参考安蓓、陈炜伟、谢希瑶：《汇聚亿万人民力量的宏伟蓝图——“十四五”规划和2035年远景目标纲要编制记》，https://baijiahao.baidu.com/s? id＝1694667835340900067&wfr＝spider&for＝pc，访问日期：2021年4月25日）

探究任务1：按照时间顺序，简要地梳理“十四五”规划制定的流程图，分析有哪些机构或部门参与？人民群众在其中又发挥了怎样的作用？

探究引路：(1)简要流程图：

环节1：中共中央发出征求意见的通知，在党内一定范围征求意见和建议。

环节 2:党的十八届五中全会审议通过《中共中央关于制定国民经济和社会发展第十四个五年规划的建议》。

环节 3:国务院研究规划编制工作,就规划纲要草案广泛征求意见。

环节 4:社会公众提出意见和建议,专家开展论证和咨询。

环节 5:规划纲要草案稿提交全国人大财政经济委员会初审。

环节 6:中共中央政治局召开会议,讨论规划纲要草案稿。

环节 7:规划纲要草案报送全国人大,全国人大财政经济委员会进一步审查。

环节 8:全国人大审议通过《中共中央关于制定国民经济和社会发展第十四个五年规划和二〇三五年远景目标的建议》。

(2)中共中央:依法提出关于制定国民经济和社会发展第十四个五年规划和二〇三五年远景目标的建议,并在规划纲要草案稿形成后讨论,提出意见,体现了党的领导。党居于领导核心地位,总揽全局、协调各方,支持人大、政府依法依章程履行职能、开展工作、发挥作用。

国务院:依据《中共中央关于制定国民经济和社会发展第十四个五年规划和二〇三五年远景目标的建议》,研究规划编制工作,并就规划纲要草案广泛征求意见,公开透明,依法行使权力。

全国人大:依照法定程序,行使宪法规定的权力,审查和批准国民经济和社会发展第十四个五年规划和二〇三五年远景目标,保障了人民当家作主。

人民群众:依法表达意见和建议,体现了人民主体地位,实现和维护了人民群众的知情权、参与权、表达权、监督权。

探究任务 2:分析《中共中央关于制定国民经济和社会发展第十四个五年规划和二〇三五年远景目标的建议》的制定过程,如何体现了党的领导、人民当家作主、依法治国的有机统一。

探究引路:首先,中共中央提出关于制定国民经济和社会发展第十四个五年规划和二〇三五年远景目标的建议,在规划纲要草案稿形成后,中共中央政治局召开会议,讨论规划纲要草案稿,提出意见,体现了党的领导。党始终居于领导核心地位,总揽全局、协调各方,支持人大、政府依法依章程履行职能、开展工作、发挥作用。

其次，全国人大代表代表人民依法履行职权，审议、批准《中共中央关于制定国民经济和社会发展第十四个五年规划和二〇三五年远景目标的建议》，依法行使宪法所赋予的权力，实现了人民当家作主。

最后，党中央的建议是经法定程序由国务院形成草案，提请全国人大会议审议，并经过全国人大会议批准，整个过程都严格按法定程序进行；国务院依照中共中央的建议研究规划编制工作，并就规划纲要草案广泛征求意见，提交全国人大，严格依照法定程序办事；规划纲要草案广泛征求意见，尊重和保障了公民的知情权、参与权、表达权、监督权。整个过程中，国家权力依法行使，国家各项工作依法开展。

“十四五”规划制定的整个过程，体现了坚持党的领导、人民当家作主、依法治国有机统一。

长见识　拓展阅读

拓展阅读 1

全国人民代表行使的部分职权

《宪法》第六十二条　全国人民代表大会行使下列职权：

（一）修改宪法；

（二）监督宪法的实施；

（三）制定和修改刑事、民事、国家机构的和其他的基本法律；

（四）选举中华人民共和国主席、副主席；

（五）根据中华人民共和国主席的提名，决定国务院总理的人选；根据国务院总理的提名，决定国务院副总理、国务委员、各部部长、各委员会主任、审计长、秘书长的人选；

（六）选举中央军事委员会主席；根据中央军事委员会主席的提名，决定中央军事委员会其他组成人员的人选；

（七）选举国家监察委员会主任；

（八）选举最高人民法院院长；

（九）选举最高人民检察院检察长；

……

拓展阅读 2

在中国社会主义制度下，有事好商量、众人的事情由众人商量，找到全社会意愿和要求的最大公约数，是人民民主的真谛。从扫描二维码参与各地政协“互联网＋”参政议政平台的热烈讨论，到“村民说事”“院坝问事”等基层民主管理方式不断创新，中国人民通过各种途径和形式管理国家和社会事务、管理经济和文化事业，共同建设，共同享有，共同发展，成为国家、社会和自己命运的主人。

（《和音：感知社会主义民主政治的生命力》，《人民日报》2021 年 3 月 5 日）

中国实行的社会主义民主政治，是一种全过程、最广泛的民主，体现人民意志，符合中国国情，得到人民拥护。仅仅因为实行民主的形式跟美方不一样，就给中国扣上“威权”“专制”的帽子，这本身就是不民主的表现。他强调，如果打着民主、人权旗号搞价值观外交，干涉他国内政，人为制造对抗，只会引发动荡甚至灾难。

（摘自王毅：《民主不是可口可乐，美国生产原浆，全世界一个味道》，https://www.chinanews.com/gn/2021/04-24/9462669.shtml，访问日期：2021 年 5 月 2 日）

提素养　导思导行

法治是我们党治国理政的基本方式，也是应对新冠肺炎疫情这一重大突发公共卫生事件的有力武器。

2020 年 2 月 5 日，习近平总书记在中央全面依法治国委员会第三次会议上指出，要在党中央集中统一领导下，始终把人民群众生命安全和身体健康放在第一位，从立法、执法、司法、守法各环节发力，全面提高依法防控、依法治理能力，为疫情防控工作提供有力法治保障。疫情防控越是到最吃劲的时候，越要坚持依法防控，在法治轨道上统筹推进各项防控工作，保障疫情防控工作顺利开展。

(1)分析说明党中央集中统一领导、把人民群众生命安全和身体健康放在第一位、坚持依法防控三者之间的关系。

(2)政府疫情防控指挥部门对人们进入公共场所作出了必须佩戴口罩的要求。但是，不少地方出现了在公共场所拒绝佩戴口罩的市民。如果你遇到这种现象，该如何劝说他(她)？